MAESTRÍA PARA INVERTIR EN FOREX

LA GUÍA DE INICIO RÁPIDA PARA PRINCIPIANTES
PARA GANAR DINERO CON ESTRATEGIAS
AVANZADAS DE TRADING AL DÍA. DESCUBRE LA
PSICOLOGÍA SECRETA DEL TRADING PARA CREAR
RIQUEZA, Y RETIRARSE SIENDO MILLONARIO

SAULO PICADO

ÍNDICE

INTRODUCCIÓN

La oportunidad de darle un rumbo a nuestras vidas financieras y lograr la libertad que todos anhelamos, se ha hecho presente en estos tiempos más que nunca antes en la historia, las frases "bolsa de valores, índice bursátil, mercado de divisas" y otras por el estilo, habían estado reservadas exclusivamente para una pequeña elite que por las razones que fueran manejaban la economía, poder ingresar al mundo de los negocios financieros era no más que un sueño lejano para muchos.

De los diferentes tipos de productos financieros el mercado de divisas (forex) es uno de los más rentables que pueden existir, pero el atractivo de este tipo de mercado no es solo la rentabilidad, uno de sus fuertes es la accesibilidad que podemos tener al mismo.

El mercado financiero es amplio hay muchas opciones de inversión y desde luego existe una gran opción de participar de cada uno de ellos, pero los niveles de posibilidades que ofrece el forex no los encontrarás nunca en otro mercado, pero todo esto lo digo considerando a aquellos que desean entrar al mercado al igual que lo hice yo, buscando una oportunidad de liberarme en el aspecto financiero y no tener las maneras de hacer grandes inversiones.

Sin duda que lo ideal puede ser invertir en grande, pues a mayor inversión mayor ganancia, esta ecuación no requiere de mucho análisis, por lo que igualmente es un buen negocio para aquellos que pueden invertir más, sin embargo, siempre será importante tomar algunas previsiones en este sentido, seas un pequeño o gran inversionista.

Las previsiones las encuentras aquí, cada capítulo está diseñado para que pueda servirte como guía, de manera que al momento de entrar al negocio, lo hagas de la forma más inteligente posible y asumas la menor cantidad de riesgo.

Es que uno de los más grandes enemigos al que te puedes enfrentar tras iniciar en el mundo del mercado financiero, será subestimar los posibles riesgos a los que te puedas enfrentar en el negocio, esto es un principio aplicable ciento por ciento a cualquier tipo de inversión, de manera que no se trata de ser anunciante de ningún mal agüero respecto a este negocio, todo negocio representa un potencial peligro a la medida de no hacerlo de la forma adecuada, y siguiendo los parámetros que rigen dicho negocio, en consecuencia, nunca debes sentirte seguro a la hora de iniciar cualquier negocio que este decidido a iniciar.

Todo lo anterior supone que antes de ingresar al mundo de forex dispongas de la mayor información que puedas encontrar sobre el tema. En ese sentido he querido ponerte al tanto de todos los aspectos importantes de un tema que suele ser tan amplio como es el forex trading, todo lo que necesitas saber lo encuentras aquí.

Antes de iniciar debes cumplir con una tarea, vamos a despejar los términos para que nuestro enfoque este más claro, pese a que el forex trading opera en la misma plataforma que otra serie de productos financieros hay que marcar la diferencia, entonces, el mercado de divisas es solo uno de los tantos productos con los que puedas operar en las distintas plataformas pero en ellas mismas te puedes encontrar con mercado de acciones, materias primas, bonos y otros que igualmente suelen representar buenos negocios aunque cada cual con sus propias particularidades.

¿Estás completamente seguro qué es forex? Claro, ya todos sabemos que se trata del mercado de divisas, pero ¿Qué quiere decir esto de "mercado de divisas" cómo opera, cómo obtengo ganancias?, estoy convencido que todas estas son interrogantes normales que muchos, de los que últimamente escuchan la palabra forex por todos lado se pueden estar haciendo.

El término se ha puesto de moda, y no en vano, muchos de los que han entrado al negocio de forex se han convertido en asiduos multiplicadores de las bondades del negocio, sin embargo lo, que puede escasear un poco (por lo menos en aspectos foráneos al negocio) es la explicación del tema, cómo es que se come todo esto de forex, de hecho un muy alto porcentaje de los que alguna vez han tenido alguna cercanía con el tema ha sido con la intensión de despejar la duda respecto al solo significado de la palabra.

Así es que en el primer capítulo he dejado todo el panorama despejado, he sido completamente claro sobre lo que es forex y lo que esto representa para el hombre de negocios modernos, pero no llega solo hasta ahí, ante la incertidumbre que pueda existir sobre entrar o no entrar en este mercado de finanzas, voy a tocar algunas de las razones por las que elegir hacer forex es una de las mejores decisiones posibles, desde luego que todo lo expondré desde la mayor objetividad posible sin incluir para nada el sentimiento arrojado por mis propios resultados, pero si desde la confianza que me ha dado mi experiencia.

Otro de los aspectos que estaré evaluando en medio de este capítulo es el tema de los beneficios, pero claro que es uno de los principales y primeros temas que hay que evaluar, nadie entra en un negocio sin antes conocer la manera en que se puede beneficiar de él, y justo este aspecto es el que más interesa a los que quieren saber cómo funciona el forex trading.

Punto por punto estará explicado las principales ventajas al hacer forex, pero sobre todo el tema de la rentabilidad, que es lo que todos estamos buscando.

Una vez que hayamos despejado cualquier duda sobre este asunto llega un punto muy importante, es ¿cómo se hace? Es que no bastaría solo con tener una información o mera teoría de algún negocio, ver y disfrutar de la rentabilidad del mismo será solo posible a la medida que se aprenda paso a paso cada una de las acciones que se deben tomar para lograr la experiencia que se requiere.

En esta dirección vas a encontrar paso a paso de manera detallada las acciones para lograr los objetivos de este negocio, desde lo intelectual, es decir el aspecto cognitivo en materia de inversiones, hasta las acciones como adquirir tu plataforma para desarrollar el negocio y llegar a ser un verdadero trader.

Aunque no debemos subestimar todo este asunto, la verdad es que nunca fue tan fácil hacer negocios en temas de divisas y menos aún si cuentas con la guía que puedo darte a partir de este momento, lo único que voy a exigir de ti es que tengas la disposición de seguir cada uno de los consejos paso a paso que te he dejado en este capítulo, lo demás lo vas a adquirir con la experiencia, y esta desde luego la vas a conseguir solo de una manera, ejecutando tus conocimientos y haciendo, ya, en el plano real trading forex.

Más adelante vas a encontrar dos capítulos con todos los consejos necesarios, la idea es que no olvides nada y consideres cada uno de dichos consejos, pues están destinado a hacerte la tarea más fácil. La verdad es que la experiencia es la que nos enseña a andar en esta vida, no obstante es verdad que las experiencias ajenas pueden ser una oportunidad de librarnos de algunos peligros que se pueden correr en este negocio, entonces ¿prefieres pasar por tus propios errores o prefieres aprender de los que haya cometido otro).

Si no dependiéramos en gran medida de los errores que otros hayan cometido entonces antes de subir a un avión habríamos intentado hacer el nuestro propio, o hacer nuestro propio coche, nadie iría a un restaurante a disfrutar del nuevo plato que el chef de autor ha logrado aplicando técnicas pero cometiendo errores, todo sería por nuestra propia cuenta, ¿por qué no podemos usar el mismo principio en el forex trading?

Cada consejo puede estar basado en mis propias experiencias o aquellas que otros trader pudieron cometer y muy noblemente nos han permitido conocer para el bien de todos los inversionista, por ejemplo cosas tan sencillas pero a su vez tan importantes que si no la notamos a tiempo podemos cometer grandes errores, ejemplo el dinero que vas a utilizar y la cantidad correcta que debes poner en operatividad al inicio, el aspecto emocional que es muy importante para este tipo de negocio, ignorar las los sentimientos puede suponer malas decisiones, ya que la relación que hay entre lo que sentimos y lo que hacemos es muy estrecha.

Por consiguiente encontrarás toda una serie de recomendaciones en dirección a lo que es el tema de las emociones, como enfrentarte a ellas y como dominar cualquier pasión que te pueda arrinconar a realizar malos movimientos que se traduzcan en pérdida de dinero.

Pero por encima de los distintos sentimientos que puedan aparecer y querer establecer su control en medio de la jugada, hay uno en particular del que es importante mencionar y es el tema de la avaricia, por ello en el capítulo cuatro vas a encontrar un apartado en el que solo dedicaré un análisis a este asunto, estar insatisfecho puede ser una virtud aplicado al contexto adecuado, pero en el caso del mercado de divisas puede representar un peligro por ello el tema lo voy a abordar desde una óptica muy objetiva y desde luego contextualizada en el tema del forex trading.

Por supuesto que no es todo en todo lo ancho de los capítulos tres y cuatro vas a encontrar más de diez consejos uno más importante que el otro, así que te invito a que disfrutes de cada una de sus líneas y extraigas todo este conocimiento que se puede convertir en una fuente de sabiduría para ti, y en mayores posibilidades de éxito para tu emprendimiento.

Más adelante te invitaré a evaluar otro aspecto importante sobre este negocio, y es la plataforma a través de la cual se llevan a cabo todas las operaciones del mismo, estoy hablando específicamente del bróker, una figura que ha estado presente durante todo el tiempo que ha existido el mercado de valores en todas sus variantes. Originalmente se trataba de una figura llámese persona o institución que servía como mediador en medio de los negocios financieros.

En los tiempos actuales aunque las figuras antiguas sigan funcionando, ha evolucionado a otras figuras, aunque no haya dejado de cumplir aquellos objetivos, a saber, el de mediar entre un comprador y un vendedor de productos financieros.

¿Cómo funciona en la actualidad un bróker?

¿Cuáles son los beneficios de los bróker modernos?

Todas esas interrogantes quedan despejadas en el capítulo cinco, desde cómo elegir el bróker correcto, hasta los consejos básicos antes de elegirlo, cómo usarlo y cómo sacar el mayor provecho de estas plataformas, y ya para el capítulo seis y siete quiero regalarte ya, estrategias específicas para que comiences a practicar y a retomar la confianza que se necesita para entrar en este mercado.

El capítulo final consiste en mejorar las condiciones de cada una de las estrategias que te entregaré en el capítulo seis. He hecho un gran esfuerzo por dejarte toda la información que hace falta para empezar, después de aquí todo consiste en observar aprender, copiar (cuando fuere necesario) y triunfar, en uno de los negocios que se ha perfilado como la mejor opción del siglo XXI en el mundo del mercado financiero.

No queda más que darte la bienvenida, y pedirte que hagas este estudio de manera metódica, no avances al capítulo siguiente mientras no hayas asimilado completamente cada uno de los principios que encontrarás en cada capítulo, de hecho convierte cada uno de ellos en objeto de estudio profundo, indaga, investiga, saca todo el provecho y disfruta de convertirte en el nuevo trader que este negocio estaba esperando, llega tan lejos como quieras a partir de este momento, ¡empezamos!

1

¿QUÉ ES FOREX?

No habrá manera más acertada de iniciar este capítulo que haciendo una aclaración de términos, "Forex" es uno de los productos financieros que puedes encontrar en medio del mundo del trading, o lo que es lo mismo, el mundo del mercado financiero, de todos los productos financieros que puedes encontrar en este universo, el forex es considerado uno de los más importantes, y esto no es una consideración caprichosa de algún fanático del negoció.

Hablar de forex es hablar del negocio o el comercio que mueve la mayor cantidad de dinero en el mundo, para dar una pequeña idea, este negocio tiene la capacidad de hacer movimientos diarios de aproximadamente 4 billones de dólares ¿te parece poco dinero?

¿En qué consiste el forex trading?

Demos un vistazo la manera en que este negocio genera tanto dinero, la palabra forex esconde tras su significado una explicación clara sobre lo que es este negocio, "Foreign Exchange" cuyo significado es "mercado de divisas" ¿pero cómo funciona el mercado de divisas? Muy bien, para tener una mejor óptica sobre este negocio y despejar todas las dudas qué tal si damos un breve repaso por la tarea a la que se dedica el forex, es decir, ¿cómo se traduce el tema de mercado de divisas?

El mercado de divisas se trata de un negocio que trabaja de manera global y de forma descentralizada y consiste en el intercambio monetario, o sea, la compra de un tipo de monedas para ser cancelada con otra moneda, pero vamos a ver esto un poco más de cerca, forex opera sin un lugar físico establecido, sino que este es un negocio que se maneja por medio de la web, todos sus procedimientos son absolutamente virtuales, lo que quiere decir que es un negocio que puedes hacerlo desde donde estés.

Dado que es un negocio cuya dinámica está basada

en la compra y venta de divisas, al momento de trabajar con forex las mismas las vas a encontrar organizadas en pares, por lo general encontrarás dólar-euro, libra-dólar y otros parecidos. Cada una de estas divisas es presentada de acuerdo al precio que esté manejando el mercado en ese momento, ¿y que determina el precio de cada divisa?

En realidad los factores que determinan el precio de las divisas son varios, pero la mayor influencia sobre esto lo ejerce con mayor fuerza el tema de la oferta y la demanda, y esto es exactamente igual que en cualquier tipo de negocio, si un producto tiene mucha demanda se da el factor especulativo, es decir, quien posee el producto puede tratar de obtener ganancia del mismo subiendo su valor, pero en el caso contrario donde predomina la oferta y pocos compradores, el valor desciende, por ello basado en esta premisa es que el valor de las divisas puede variar de manera vertiginosa, pues puede variar hasta diariamente.

Por ello entrar en este negocio requiere que tu enfoque esté dirigido en aprender a pronosticar el comportamiento que suele tener el mercado, descubrir cuáles son los factores que llevan a que predomine alguna de las dos tendencias, bien la oferta o la demanda, ya que ese fenómeno suele estar motivado (en parte) por asuntos externos al negocio, contexto económico de los países, políticos y otra serie de factores que bien estando dentro o fuera del negocio pueden ejercer su efecto sobre los valores de la divisa, y tras dicho análisis poder actuar en el mercado comprando a precio bajo y disfrutando de las oportunidades del alza para vender y sacar ganancia de la operación.

la forma en que se desarrolla este negocio virtual es a través de ciertas plataformas llamada bróker, dicha plataforma funcionan como mediadora entre un vendedor y un comprador, en estas mismas se pueden realizar una cantidad de operaciones financieras, es decir, no se limita solo al trabajo de forex, sino que se pueden negociar productos financieros como acciones, obligaciones de deudas, bonos, materia prima y otros modelos de negocio que para muchos resulta muy atractivos, y que sin duda los resultados que muchos han recibido de los distintos productos financieros con los que puedes negociar son enormes.

Pero de todos estos productos financieros ¿por qué debemos elegir forex? Desde luego que el mundo de negocios es muy amplio, y hay productos buenos y otros mejores, sin embargo, como mencioné al inicio, si hay un negocio rentable y que genera una suma de ganancias diarias sin complicaciones tan elevadas es forex.

Claro que hay cosas que evaluar, hay cosas que aprender, tampoco es que harás dinero con tan solo encender tu computadora, pero razones para hacerlo hay muchas y ahora te daré algunas.

¿Por qué hacer Forex?

Forex es una plataforma que tiene demasiado que ofrecer y esta es la razón por la que muchos trader suelen fijarse en este modelo de negocio, pese a que puedan tener una sólida base en el mercado de otro tipo de productos financieros, haré una lista de las razones principales por las que forex representa una muy buena oportunidad y puede ser el negocio que te brinde la oportunidad de encontrar la libertad financiera que estás buscando.

La volatilidad es importante

No hay grandes complicaciones en el tema del mercado de divisas, la ecuación es muy fácil, compras activos a precios que te resulten favorables, la intención es lograr vender dichos activos y ganar gracias a la volatilidad, la relación es la siguiente, mientras el mercado tenga una gran volatilidad, las oportunidades de adquirir y vender divisas es mayor, y este mercado es uno de los que cuenta con una mayor volatilidad dentro de los distintos mercados financieros.

¿Qué es la volatilidad?

Esto no es otra cosa que la forma en que varían los costos de las divisas en relación a su precio medial, aunque al término se le puede dar la aplicación a la fluctuación del precio. La volatilidad es un informador de riesgo ya que es esta la que indica las posibles subidas o bajadas que tendrá la divisa, no obstante, más que indicarnos un riesgo lo que no estaría diciendo este factor es la frecuencia, al mismo tiempo que la intensidad en lo relativo a la variación del precio que vamos a tener que tolerar en la inversión, pero a ciencia cierta la volatilidad en sí misma no es garantía de ganar o perder en este negocio.

en término general podemos encontrar que en cualquier día de la semana que las divisas puedan tener fluctuación en sus precios que gira alrededor de 50 o 100 pips en los pares de divisas mas importante, esto indica que un trader que opera en una unas cien mil unidades de divisas puede estar ganando (o perdiendo según sea el caso) entre 500 y 1000 dólares, en resumen, los trader en realidad se encuentran en búsquedas de esos mercados que resulten volátiles, por ello esta característica es una de la que hace el mercado forex sea tan atractivo en el mundo del mercado financiero.

Forex es un negocio de fácil acceso

¿Cuál es la principal limitante que ´puede haber a la hora de iniciar un negocio propio? Visto desde la óptica que sea, bien sea la inversión en otro tipo de productos o servicios, o se trate de los productos financieros, ¿cómo entrar en el mercado?, imaginemos por un momento que quieres crear una marca, de un producto cualquiera, has explotado tu talento al máximo y ahora quieres distribuir tu propia marca de jabones para perros (por usar cualquier ejemplo), debes pensar en varias cosas:

El primer obstáculo sería los costos por patentar tu marca, (aunque no sería el mayor obstáculo), ahora tienes que crear toda una campaña de marketing, as tarde tiene que lograr poner tu producto en el mercado, (procurando buenos mercados para obtener una buena rentabilidad), y por ultimo convencer al público que debe bañar a su perro con este jabón. ¡No lo sé! Creo que el camino es arduo.

Sin embargo esto siempre estará sujeto a la pasión de cada quien y la capacidad de inversión.

En relación al mercado forex esto es un aspecto que lo hace verdaderamente atractivo, sobre todo en el caso de aquellos que quieren empezar a operar con poco dinero, en casos por ejemplo como el comercio de acciones muchas plataformas te permiten operar con mínimos como 250 dólares y por supuesto que la dinámica propia del modelo del negocio lo exige, sin embargo, cuando hablamos de forex puedes comenzar a negociar con tan solo 10 dólares.

Solo necesitas un pequeño capital con el que puedas hacer tu inversión, capital que podrás ir favoreciendo de un negocio cuyas posibilidades va más allá de la posibilidad de ganar unos cuantos dólares al mes.

En este mismo sentido no solo se trata del capital, pues existe otro aspecto del negocio que resulta bastante accesible y es el tema del ingreso a las plataforma con las que se puede operar este tipo de negocio, el acceso a las mismas en comparación con el resto de los mercados financieros es muy fácil, todo cuanto necesitas es hacer tu registro, tener a tu mano la disponibilidad de la cuota mínima de operaciones para que lo deposites a la cuenta y enviar tus documentos, por lo demás solo requieres el conocimiento necesario o la asesoría (de lo que hablaremos más tarde) y ganas de trabajar.

Quiero resaltar algo, no hay que darle acceso a la idea que lo fácil del acceso de esta plataforma quiere decir de algún modo que la calidad del mercado sea cuestionable, su eficiencia y seguridad junto a la accesibilidad es la razón por la que este negocio se traduce en uno de los más atractivos del mercado para la mayoría de los trader.

El mercado de divisas es muy transparente y seguro

No hay duda que si has pensado en invertir una de las cosas que puede acaparar tu mente es el tema de la seguridad que el negocio te pueda brindar, y aunque bien es cierto que siempre se corre algún tipo de riesgo e cualquier negocio, al invertir, queremos estar los más cerca posible a la idea que nuestro capital no será objeto de estafa.

Se puede tener la tendencia a creer que por ser un mercado tan accesible puede resultar poco seguro, sin embargo no hay algo más lejos de la realidad que esto, un mercado como el de las divisas que es tan grande es casi imposible que resulte manipulable, es que por muy grande e influyente que tenga un inversor es muy difícil (sino imposible) que pueda ejercer algún tipo de influencia en una divisa, considerando incluso las decisiones importante en esa dirección que pueda tener un banco central.

Pero de lo último asumamos que un banco pueda tomar una decisión que influya en el valor de la divisa, esto solo será algo que tenga un efecto momentáneo, pero en poco tiempo la dirección del valor podrá tomar su rumbo nuevamente de acuerdo a las acciones que ejerzan la mayoría de los trader, esto si lo comparamos con otro tipo de mercado como el de acciones es realmente una ventaja, ya que en las acciones una empresa puede mantenerse presentado positivos a sus inversores mientras que detrás del telón lo que puede esconderse es un maquillaje de dichos resultados, por lo que sin duda que representa mayor riesgo.

Forex ofrece oportunidades de aprendizaje

Otra de las grandes barreras en algunos casos es el tema de la destreza en el oficio, ¿qué tan fácil puede ser poner un restaurante para alguien que nunca estuvo frente a una estufa? Lo productivo, pero además atractivo del mundo del forex se ha visto en la necesidad de observar esto.

Es cierto que todo lo que se refiere al mundo de los negocios on line, pero sobre todo el mercado financiero ante el inmenso crecimiento que ha venido experimentando, cuenta con herramientas interesantísimas en temas de aprendizaje, pero cuando hablamos de forex y el hecho de que diariamente son muchos los nuevos inversionistas que vienen abriendo sus cuentas, las mayoría de los bróker te ofrecen la oportunidad de acceder a medios de aprendizaje en los que puedes encontrar recursos gratuitos para este fin, esto punta nuevamente a la idea de la accesibilidad y facilidad que representa el mundo de los negocios forex.

Sin duda que el mercado financiero es interesante en cada una de sus modalidades, pero no solo eso, sino que este mercado ha venido a convertirse en una de las opciones más atractivas de aquellos que han tomado la decisión de enfocarse en lograr la libertad en sus finanzas, como he mencionado antes dentro del mundo de las finanzas muchas posibilidades de inversión, pero un negocio que te dé la oportunidad de iniciar con poco margen de inversión, asesoría a los menos experimentados y posibilidades de disfrutar de rentabilidad a mediano o corto plazo, sin duda alguna forex ha demostrado serla mejor opción.

Beneficios del Forex

Forex ha demostrado ser uno de los mercados en el mundo del comercio financiero ser uno de los más sólidos, sin embargo, más allá de las razones que acabo de bosquejarte sobre las razones que hacen de este negocio una enorme oportunidad para tu vida financiera, quiero hacer una lista en la que voy a describir los beneficios que resaltan en el tema del forex.

Forex es uno de los negocios con mayor liquidez

Todo el que hace negocio tiene una meta principal en su mente, y no es otra que ganar dinero, desde donde lo queramos ver todo consiste en ello, en ese sentido, trabajar con forex es una gran ventaja, ya que los niveles de liquidez que este negocio ofrece son de los más altos del mercado, basta solo con hacer una comparación con el mundo de las acciones para poder observar las bondades de trabajar con forex.

Supongamos que has decidido que ya no estás interesado en los dividendos n otro beneficio que te ofrezca una acción que hayas adquirido, o en su defecto las valoraciones personales que tengas respecto al mismo te indiquen que es momento de salir de las acciones, para invertir en otro negocio, siempre vas a depender de encontrar compradores para dicha acción, y la tendencia es la que determina si puedes o no puedes vender, por lo menos en u bue precio que de hecho es lo que todos esperan, vender a buen precio para obtener ganancias, sin embargo si la tendencia de dicha acción está en bajada no habrá manera en algunos casos ni de recuperar la inversión, y la premura es la que va a determinar si la conservas o decides perder un poco para lograr tu propósito.

Al hablar de forex muy contrario al tema de las acciones siempre habrá un comprador, estamos hablando tal como mencioné a principio de un negocio que mueve la suma de nada más y nada menos 4 billones de dólares al día, solo este número te indica que encontrarás siempre alguien con quien realizar las operaciones, pero sobre todo en el caso que operes con los pares de divisas más importantes.

Factibilidad de los horarios

Inicialmente todo aquel que quiere invertir en un nuevo negocio, de la naturaleza que este sea, tiene una gran preocupación, ¿habrá o no habrá ganancias? Sin duda que no es para nada fácil cuando se está por iniciar un nuevo negocio, abandonar lo que se viene haciendo por entrar en algo de lo que aún no se está percibiendo ganancias.

Por ello el tema de los horarios suele ser uno de los más preocupantes, es decir, la idea de poder hacer algo que no interfiera en lo que estás haciendo, esto al menos mientras dura el proceso de consolidación del negocio.

Comerciar con divisas es una gran ventaja frente a este problema, ya que es un negocio global que funciona 24 horas al día, lo que significa que no importa a la hora que puedas dedicarle tiempo, siempre habrá personas interesadas en cualquier parte de mundo en poder acceder a la compra y venta de divisas.

Forex te da más oportunidades de obtener ganancias

Esta es una de las grandes ventajas del negocio, no tener que depender de un modelo de negocio cuya ganancia sea lineal, es decir, tener una sola dirección en la que viene tu dinero, si volvemos a la comparación con el mercado de acciones nos encontramos con una situación parecida, es decir pese a que puedes encontrar dos maneras de obtener ganancias, bien sea por los beneficios directos de la acción y los resultados de la empresa, o bien por la especulación en el precio de la acción, las ganancias siempre van a estar sujetas a una cosa, el valor de la acción, si este valor es alto ganas si es bajo pierdes, (o al menos dejas de ganar).

En el caso de forex la historia es totalmente contraria, sea que el valor de la divisa suba, o en el caso que esta baje siempre existirá la posibilidad de sacar partido a cada situación, no obstante, lograr este nivel de beneficios requiere de una buena experiencia, por lo que sin duda son destrezas que iras adquiriendo con algo de tiempo en el negocio, y un poco de dedicación, pero en el tema de la educación ya sabeos que cuentas con infinidad de oportunidades para lograr dicho objetivo.

Todo está basado en el análisis que puedas hacer respecto a la reacción del mercado, si la observación te indica que el valor de la divisa se incrementará, solo abres una posición de compras para cerrarla luego con una venta, (esto es lo que se conoce por "ir en largo") por el contrario si notas que el precio bajara solo vas en corto.

Este es el más grande de los propósitos de millones de los que han decidido apostar a este negocio, hacer sus adquisiciones a bajo costo para luego vender a buenos precios, o vender caro y luego comprar barato, existe un numero bastante amplio de pares de divisas en los que puedes invertir, y si pones tu atención en aprender cada día más el arte de este de este negocio, puedes tener la garantía que pronto podrás tener ganancias bien interesantes.

Forex requiere una inversión muy baja

El sueño de todo inversionista, empezar su negocio haciendo la inversión más baja posible y sobre todo que le garantice rentabilidad, para comenzar a operar en este negocio necesitas solo tres cosas, una conexión en internet, un equipo bien sea computadora o teléfono, y un pequeño capital para invertir.

¿Invertir en qué?

La manera de entrar en este negocio la vas a realizar a través de un bróker, (en otro capítulo te hablaré más sobre los bróker) estas plataformas te piden desde luego el capital con el que vas a empezar a realizar tus operaciones de compra, hay muchos bróker, te advierto de antemano que hay ciertos elementos importante sobre estos que debes tener en cuenta antes de decidirte por escoger uno.

En cuanto a la inversión puede tratarse de 100 dólares, 250, hay algunos que solo exigen 1 dólar, por lo que realmente no requieres de gran cantidad de dinero para iniciar tus operaciones.

¿Quién puede hacer Forex?

Existen dos maneras principales de poder determinar aquellos que pueden participar en el negocio de forex, es decir, los que tienen algún tipo de participación interbancaria y aquellos que no. Si observamos el principio del mercado de acciones, notaremos que originalmente el acceso estaba abierto a grandes instituciones financieras, por ejemplos los grandes bancos, sin embargo, la historia ha venido cambiando, gracias a la misma evolución de la tecnología y el acceso que se ha tenido a ella, es de esta manera que los inversores y trader individuales han venido apareciendo de manera progresiva en el escenario.

Pero vamos a dar un vistazo a la serie de figuras que toman parte dentro del negocio de divisas y como es que participan en la misma.

Los bancos centrales de cada país

El deber principal de estas entidades es lograr controlar y regular el valor de las divisas del país que representan, esta es la razón principal por la que participan en el mercado de las divisas, por lo general estas entidades tienden a ser de carácter públicos, pero hay situaciones en las que llegan a ser de carácter privados. Los bancos centrales entran en el mercado de las divisas por el mismo papel que les toca representar en su país, es decir mantener el control sobre la regulación de la moneda.

Los bancos comerciales también participan

Se trata de aquellos bancos que tienen un trato con todo tipo de público, estos bancos suelen obtener ganancia actuando en el mercado del mundo financiero, por esta razón suelen operar negociando una variedad de productos entre los que se encuentran las inversiones dentro del mercado de divisas.

Algunas empresas y los intermediarios financieros

Estos son una serie de instituciones financiera que se dedican a ciertas gestiones de interés para el mercado financiero, una de sus más importantes labores es la de llevar ahorros a aquellas sociedades que necesiten fondo, por esta razón permiten el acceso al flujo del dinero por parte de las economías, es principalmente por esta razón que las instituciones intervienen en este tipo de mercado, con el propósito de poder invertir los ahorros que tengan sus clientes, en las inversiones que pueda este tener en otros países, donde desde luego operan con otras divisas.

Cualquier inversionista

Aquí es donde entra usted en el juego, no necesita ser o pertenecer a una institución de carácter financiero para poder entrar en el negocio de las divisas, gracias a las grandes ventajas que nos ofrece internet casi cualquier persona puede negociar dentro de este mercado, antes de esto ingresar en este negocio requería que hicieras una inversión de un millón de dólares, razón por la que la mayoría de aquellos que soñaban con invertir no sería más que eso, solo un sueño, pero gracias a las plataformas on line empezar a trabajar en este tipo de mercado es completamente diferente, pues con un capital bastante reducido es posible empezar.

En definitiva el forex es una gran opción a la hora de ingresar en el mercado financiero, pero más aún en los casos en los que un pequeño inversionista quiera hacer su entrada en el mundo de los negocios, lo mejor de esto es que sí puedes comenzar a hacerlo de manera parcial, es decir sin dejar de hacer lo que vienes haciendo.

Las razones por las que esta resulta ser la opción

más accesible en el mundo del mercado financiero ha quedado claro en este capítulo, sin embargo, no pierdas de vista algunas ideas importantes en sobre este tema, negociar en el mercado de divisas te brinda la oportunidad de contar con una enorme plataforma que te puede brindar la orientación para llevar a cabo tu negocio, gracias a las distintas plataformas que te brindan la oportunidad de hacer trading social, gozarás de la ventaja de no caminar solo, sin importar el tiempo que le dediques a este negocio, ni los horarios que decidas trabajar, siempre habrá la posibilidad de recibir la orientación de los más experimentados.

Siendo realista y objetivos, es una realidad que se va a tomar un poco de tiempo poder obtener la experiencia necesaria para desarrollar este negocio, no obstante la otra cara de la moneda es que una vez que hayas logrado adquirir la experiencia que se requiere dentro de este negocio, el mundo de oportunidades que se abre ante tus ojos es realmente importante, de manera que como punto final de todo este asunto quiero darte un consejo importante:

En primer término no tomes este negocio como algo frívolo, al contrario, es la oportunidad de darle otro rumbo a tu vida financiera. Estudia, porque es la única manera de encontrar la forma de convertirte en un experto en el mundo del comercio de divisas, y por ultimo estimado amigo, estudia para que el tiempo entre tu entrada al negocio y la oportunidad de comenzar a ver ganancia sea más corto.

2

PRIMEROS PASOS PARA HACER FOREX TRADING

Algo que no tiene ninguna discusión es que el paso más importante que podemos dar en cualquier negocio es este, por esto es que una vez evaluado y tras recibir la comprensión de lo que es forex trading, es momento de hacer los primeros avances, y hay que ver esto desde la óptica más clara posible, estos avances no consisten en hacer las primeras acciones dentro del mercado, se trata de las primeras acciones desde tu preparación personal.

Los resultados que vas a obtener en este mercado no serán consecuencia exclusiva de las acciones de compra y venta, sino que juegan un papel importante una serie de factores que son, tan importantes como la acción de manejar las divisas.

Es como un proceso digestivo, para que salga bien debes comenzar desde la adecuada elección de los alimentos, y los resultados en función de tu salud los vas a adquirir principalmente por las buenas decisiones que tomaste al principio, la analogía deja claro que, desde la elección del mercado en el que debes ingresar, la información precisa dentro del mercado, hasta los pasos más avanzados, requieren darle la importancia que en realidad tienen y en consecuencia asumir las acciones adecuadas, ¡empecemos!

Arguméntate bien sobre el trading

Este debe ser el primer paso, evidentemente que conocer bien el oficio hará que camines de mejor manera en medio de él, por esto implica que te hagas una serie de preguntas que al responderlas cada una de ellas ampliará la visión que tengas sobre este asunto, entonces ¿qué es lo que debes saber de trading?

¿Cómo se define el trading?

Muy bien, lo primero que hay que evaluar es este aspecto, ya que se suele utilizar este término de manera indiscriminada en muchas oportunidades, entonces ¿qué diferencia hay entre forex, trading, trader, etc? En cuanto a forex ya lo expliqué en el capítulo anterior, el trader es el que ejecuta la acción del trading, solo nos queda por resolver una incógnita.

Trading es la acción de comprar y vender activos que resulten cotizados con una muy buena liquidez dentro del mercado financiero, los activos a los que me refiero son: acciones de empresas, renta fija, deuda pública, pagarés y desde luego lo que nos ocupa en este momento como es el caso de divisas.

Entonces hay que hacer la separación entre una cosa y otra, no tiene nada que ver un forex trader y un trader de acciones, por poner cualquier ejemplo, aunque el oficio es similar en las diferentes ramas que se lleve a cabo dicha labor.

¿Cuánto dinero puedo ganar haciendo trading de divisas?

Estoy seguro que esta es la pregunta que todos nos hicimos una vez que descubrimos sobre la existencia de este negocio, y por supuesto está bien la pregunta pues a fin de cuenta por este particular es que estamos en el negocio, pero hay que tener cuidado, que el tema de los números no abarque toda la atención, aunque no lo creas puede apartar la mirada del objetivo.

Respecto a este asunto hay que ver algunos elementos, ¿Cuánto se gana y cuándo? Hacer trading forex requiere de ciertas habilidades para obtener los mejores resultados, de manera que una de las cosas de las que debes ser consciente es que las ganancias pueden variar de acuerdo al tiempo que lleves haciéndolo y la experiencia que hayas adquirido.

¿Cuánto ganaremos, cómo?

Pues sin duda que este es el otro elemento en el que debes tener especial atención, altas inversiones implican altas ganancias y bajas inversiones bajas ganancias, por esto es que poder saber cuál puede ser el margen de ganancia que tengas dentro de este modelo de negocio va a depender, sin lugar a dudas de cuanto estás dispuesto a invertir. Pero ojo que esto no los tome desprevenido altas inversiones también pueden implicar perdidas altas, por ello el cuándo es lo primero que hay que evaluar, no te aventures a realizar inversiones de alto riesgo si es que aún no te has dado la oportunidad de aprender bien los movimientos que debes realizar, puedes correr peligro de perder dinero.

Pero para dar una idea de lo que en realidad se quiere saber evaluemos lo siguiente, muchos trader han logrado ganarse la vida solo operando con forex, esto como consecuencia de haber obtenido ganancias lo suficientemente razonables como para vivir de ello. De hecho, trader que tenga muy poco tiempo operando en el negocio de las divisas puede hacer buenas ganancias operando con forex, esto es una realidad aún en el caso de aquellos que hayan iniciado con poco capital, todo cuanto necesita es tener calma y saber esperar, de manera que pueda ir obteniendo ganancias de manera gradual.

Claro, sería algo ingenuo tratar de hablar de garantías en cuanto a cantidades, no obstante una vez que un inversor haya logrado obtener la experiencia realmente necesaria para triunfar en este negocio, se puede garantizar que cuente con una rentabilidad de manera constante, y es así que podemos encontrar trader que logran acumular con un poco de sabiduría pero sobre todo paciencia, cuentas por encima de los 100.000 dólares, esto te puede generar una rentabilidad mensual incluso hablando de porcentajes bajos un aproximado de 4% o 5% lo que en realidad es suficiente para vivir relativamente bien, pero desde luego esto no está limitado, todo va a depender del trader y sus ganas de llegar tan lejos como se pueda.

¿Qué tipo de trading debo hacer?

Este tipo de interrogante encontrará la respuesta en ti mismo, en lo que quieres hacer, a donde quieres llegar, etc, como hemos visto existen varios tipos de mercado en el mundo financiero, y de acuerdo a tus propósitos es que puedes evaluar cuál es el producto que se ajusta más a tus necesidades, no obstante de acuerdo a lo que hasta ahora hemos podido evaluar, no queda ninguna duda que es justo el trading forex una de las mejores opciones, sobre todo en el caso que se trate de inversiones con capital estrecho, aunque luego vamos a ver que aunque tu capital sea un poco más amplio lo mejor será que inicies con poco.

¿Cómo abrir y cerrar operaciones de trading?

Finalmente esta es la siguiente fórmula que tenemos que despejar, cuál es la manera adecuada por medio de la cuál puedes abrir y cerrar una operación de trading, en lo referente al aspecto técnico, cada uno de los bróker puede tener diferentes plataformas en las que puedes realizar dichas operaciones, por lo tanto en este sentido la labor que corresponde es observar con cuidado el modelo de cada uno de ellos, y la forma en la que trabajan.

Ya te he dejado una serie de interrogantes en las que tienes que enfocar tu mirada, encontrar la respuesta a cada una de esta es sumamente importante pues se transforma así en el faro que te va a guiar por el rumbo correcto en este negocio. Lamentablemente muchos de los que ingresan al mercado de finanzas llegan completamente desorientados en cuál es el mercado correcto. Incluso, por dónde empezar con toda una serie de conceptos revueltos que no dejan de ser información vaga, por este motivo hay que ir sistematizando cada una de estas teorías para lograr dar pasos que sean verdaderamente productivos.

Lo importante es que se logre entender que cada una de las plataformas bróker tiene por lo general ciertas escuelas virtuales, mientras otras te ofrecen incluso libros y cursos gratuitos en los que podrás encontrar los pasos para comenzar a operar con cada una de ellas.

Busque como conseguir la plataforma de trading

En este punto quiero aclarar algo, aunque muchas veces se suele utilizar a manera de sinónimos bróker y plataforma de trading en realidad no son los mismo, lo bróker, tal como ya he explicado es el que funge como intermediarios entre nosotros y la contraparte del negocio, bien sea que compremos o vendamos, mientras que la plataforma trading es la plataforma con la que ejecutaremos las acciones del trading.

Pues al iniciar dentro de este mundo de negocios vamos a encontrarnos con algunos bróker que hayan desarrollado su propia plataforma de trading mientras que hay algunas que utilizan las conocidas plataformas multibróker, para poder elegir un buen software con el cual puedas desarrollar de manera satisfactoria el trabajo de trading te daré una serie de consejos.

Consejo # 1: Asegúrate que ofrezca lo que necesitas

No todas las plataformas cuentan con las tareas que vas a realizar, por lo tanto debes asegurarte que la que elijas posea los mercados bursátiles que sean exactamente aquellos con los que deseas invertir.

Consejo # 2: Que se ajuste a tus intereses

Desperdiciar funcionalidades es innecesario, por ejemplo, si tu deseo es llevar a cabo trading social está magnifico una plataforma con estas características, no obstante, ¿de qué te serviría esta opción si en realidad no tienes ningún interés en compartir tus acciones o copiar las acciones de otros trader?

Consejo # 3: Qué te resulte amigable

La verdad es que hay de todo un poco, por lo que seguramente te vas a encontrar con plataformas que son una verdadera tortura, poder hacer uso de ellas es una verdadera locura, aunque finalmente todo va a depender de tu nivel de entendimiento y las ganas que tengas de estudiar, por lo que si consigues que alguna te resulta interesante puede ser algo compleja, no debe ser motivo para rendirse, solo debes saber que debes poner un poco más de ganas.

Pero si me preguntas cuál es mi recomendación, inmediatamente debo contestar que para empezar no te compliques tanto la vida, y trata de encontrar una plataforma que sea cómoda y que realmente resulte sencilla para trabajar, de manera que puedas enfocar tu esfuerzo en aprender más sobre inversiones y buenos movimientos de tu dinero que sobre el aspecto técnico de una plataforma.

Consejo # 4: Evalúa el tema de la compatibilidad

En este particular me refiero al tema del software y la compatibilidad que tiene con tu ordenador, de lo contrario te puedes encontrar descargando algunos parches para poder contar con la funcionalidad del software, lo mismo sucede para el caso en el que quieras operar a través de tu teléfono, lo recomendable es que accedas a través de las opciones on line conocidas como webtrader, con esta opción podrás operar en cualquier lugar que te encuentres sin necesidad que estar instalando el software en cada dispositivo que tengamos.

Consejo # 5: Que te permita acceder al código de herramienta

Plataformas muy específicas como metatrader 4 entre otras te da la opción de hacer cambios en el código de programación, lo que te permite la creación de nuevos indicadores si así lo deseas, con el fin de enriquecer los datos que quieres seguir, de igual forma te permite crear scripts propios

Por lo demás te corresponde observar las características que sean compatibles contigo y que te permita una buena movilidad, es decir que no sea lenta, y que se ajusta a cada una de tus necesidades, aunque es cierto que no todo de todas te va a parecer 100% agradable, pero al menos debes asegurarte que cumpla tus expectativa .

Descubre el mejor bróker

Una vez entendida la diferencia entre la plataforma trading y el bróker, y luego de haber visto los diferentes criterios que has debido utilizar para descubrir cuál es la plataforma adecuada, lo que viene ahora es la evaluación del bróker, de todos modos ya te he preparado todo un capítulo en el que vamos a hablar de este asunto, no puedo dejar por fuera este elemento de importancia como uno de los primeros y necesarios pasos que debes dar para empezar en el negocio.

El grueso del porcentaje de las operaciones que vas a realizar en este negocio van a depender de esta herramienta de manera que solo necesitas cumplir con una serie de pasos que te esteré dando más adelante, con estos tendrás las garantías casi en su totalidad que de seguirlos con cuidado contaras con la ventaja de elegir una de los bróker más confiables del mercado.

Edúcate en el aspecto financiero

el dinero representa la materia prima, el punto central de todo este asunto, por eso la recomendación que te di anteriormente de librarte de la necesidad de tener que estar estudiando asuntos que aunque no son triviales, pertenecen más al plano de lo estético quizás, que a asuntos realmente importantes.

Si algo tienes que hacer en este primer paso de tu negocio de trading forex es aprender todo lo que tiene que ver en cuanto a la parte de finanzas, cuánto es lo recomendable para iniciar en el negocio, cuánto debes estar dispuesto a perder, cada uno de los detalles que involucran el aspecto financiero es algo que debes manejar con los ojos cerrados aquí no hay opciones a errores, debe ser todo casi perfecto.

¿De qué manera se debe aprender?

Bien cuando hablamos de finanzas, y dinero, estamos hablando de uno de los elementos que tiene relación con casi todos los aspectos de la vida, en consecuencia hay que prepararse en todos los ámbitos, procurando en todo tiempo no caer en una descapitalización, por ellos debes enfocarte en los siguientes aspectos.

Calcula tu estado financiero

Como en cualquier otro negocio debes saber en qué condición financiera te encuentras, si bien estas solvente, endeudado, o si cuentas con la holgura necesaria para hacer tus inversiones, nunca entres en el negocio porque necesitas dinero urgente, ese estado emocional de ansiedad te puede dirigir a cometer algunos muy dolorosos errores.

¿Cuánto posees para invertir?

Después que hayas determinado tu estado financiero asumamos que estás listo para invertir, por lo que has destinado una cantidad exclusiva de dinero para este trabajo, considerando que eres un nuevo inversor debes asegurarte cuál es la cantidad adecuada para la inversión, más adelante te estaré dando algunas indicaciones en este aspecto.

Procura todo el aprendizaje que puedas

Aquí no debes escatimar ningún esfuerzo, debes dedicar todo en el empeño en adquirir todo tipo de educación financiera, edúcate con todos los cursos que encuentres en las páginas oficiales de cada bróker, pero igual puedes apuntarte a un curso o talleres intensivos, la educación financiera en este negocio es vital.

Debes ver estos cuatro puntos que te acabo de regalar en este capítulo como los cuatro soportes en el que está sostenido una mesa, nada de lo que aquí te he dejado debe pasar desapercibido. Una frase muy popular reza "el camino de mil millas comienza con el primer paso" para llegar muy lejos requieres necesariamente el primer paso, y estos cuatro puntos son los que van a definir cómo será tu carrera en el mundo del trading.

Las bases sólidas son las que sostienen un gran edificio, de manera que a la medida que quieras que tu edificio financiero se encuentre, a esa misma medida debe estar tu determinación por afianzar cada una de las enseñanzas de este capítulo, es momento de avanzar y seguir dándote toda la información que necesitas para lograr el objetivo que te has trazado en el mundo del mercado de divisas.

CONSEJOS BÁSICOS PARA HACER FOREX TRADING (PARTE 1)

Bienvenido al tercer capítulo ya estamos entrando de manera directa en este negocio y se hace imprescindible que comparta contigo algunos principios verdaderamente importantes sobre el negocio de trading forex, lo que vas a encontrar en este capítulo es una serie de consejos que están basado en la experiencia y el consenso de un grupo de expertos en el área del trading, cuya experiencia ha servido para concretar estas ideas y sistematizarla para ti.

Claro que puedes estudiar, y no solo eso, debes hacerlo, sin embargo hay ciertas cosas que no la vas a encontrar en un libro de texto, y que difícilmente la encuentres como objetivo del día en algún curso, tu puedes estudiar en la mejor escuela de cocina del mundo, pero mientras no hayas entrado en una cocina de verdad, con la presión que esta ejerce sobre la persona, con el peligro de quemar alguna receta o que te regresen un plato jamás podrás ser chef.

De la misma manera cuando aprendas los conceptos te servirán como faro, pero el barco no llega al faro solo con verlo, debe luchar contra el viento, contra las olas, contra todo tipo de tempestad que se haga contrario al camino, solo vas a poder tener el éxito que mereces en este negocio de una sola manera, estando dentro del negocio, ahí es que vivirás la presión, la emoción, a veces el miedo al ver el peligro cerca, pero eso es lo que te dará como resultado eso que se llama experiencia.

De ese mismo ingrediente ya algunos hemos probado, y por esto es que sería un verdadero placer poder aplanar el camino y ayudarte a que des los menores tropiezos posibles, el resto dependerá de la importancia que le des a todo este asunto.

Al principio, invierte poco dinero

Finalizando el capítulo dos te di alguna mención sobre este aspecto, y era justamente que debes analizar la cantidad correcta que vas a invertir, sobre este asunto muchos no se ponen de acuerdo y el consenso no es el claro, algunos aseguran que al principio debes invertir lo que desees, la idea está basada en que puedas ver mejores ganancias en el menor tiempo posible evitando así la frustración que puede generar trabajar y no ver las ganancias a corto plazo.

Por su parte otro grupo cree que invertir todo con poca experiencia es poner en peligro tu capital y correr el riesgo de descapitalizarte, tendencia por la que estoy más inclinado. Debes tener esto claro en tu mente, no, el forex no se trata de un negocio de la noche a la mañana, ¿Qué quieres, libertad financiera o entretenerte un rato? Estamos hablando de un negocio que puede convertirse en tu mejor opción en la vida, por lo tanto requiere de tiempo, si estás iniciando por que necesitas dinero urgente, la verdad es que te recomiendo que trates de prestar el dinero y ganar algo de interés en corto tiempo.

Pero si lo que estás buscando una vida nueva en el ámbito financiero lo que te puedo recomendar es, usa tu dinero con inteligencia, en primer lugar piensa en tu entrada con inteligencia, prepara una estrategia de acuerdo a los que has venido practi- cando y aprendiendo en los primeros pasos, entonces solo haz una inversión que no representa más del 40% de tu capital, y en base a esa suma desarrolla tus primeras estrategias de trading

No te apresures a tomar decisiones

Tomar decisiones que perdurarán, por sentimientos fugaces es un error enorme, pero sobre todo innecesario, la verdad es que los sentimientos pueden tener mucha influencia sobre todo al comienzo de nuestra vida dentro del negocio, por lo que, no hay manera de tomar decisiones apresuradas que puedan arrojar resultados favorecedores, solo si dejamos todo al azar, y créeme, no habrá manera que actuar de esta forma en el forex trading pueda terminar bien.

En consecuencia cada una de las decisiones que vayas a tomar dentro de este negocio tiene la necesidad de estar bien calculado, de lo contrario solo estarás unos días de tu vida malgastando el tiempo, la mejor estrategia que puedes seguir para tomar las mejores decisiones en este negocio es tomar los consejos que te voy a dar a continuación.

No aceptes la influencia de otros en tus negocios

Incluso si se trata del mejor mentor este jamás te dirá lo que debes hacer, solo te mostrará los posibles caminos, las posibles alternativas, pero nunca tratará de influir en tus decisiones, quedará de tu parte seguir o no la recomendación que este te haga pero nunca debe ser una imposición.

Administra bien las inversiones

Como ya he mencionado antes, no inviertas todo tu capital, solo utiliza una parte de este y haz tu primera inversión, de lo contrario pudieras estar poniendo en riesgo tu capital.

Analiza bien el producto

Primero que nada recuerda que estás empezando, por lo tanto no debes hacer muchas inversiones, solo deberás evaluar el mercado de divisas y poder determinar en donde es que hay mayor volatilidad, este aspecto te permitirá saber hacia dónde se dirige tu inversión, y de antemano te anticipas a los posibles resultados.

Las decisiones tienen las características de ser las que determinen el futuro de tu inversión, recuerda una cosa, cada causa tiene un efecto, y no hay una vía alternativa a los resultados que vayan a ocurrir tras tu decisión, por lo tanto piensa bien antes de actuar y asegúrate que tu actuación sea la más inteligente posible, ya que como acabo de mencionar, no habrá vuelta atrás.

Ignora tus emociones

¿Qué son las emociones? no es otra cosa que la respuesta a un estímulo bien sea de nuestra mente o de nuestros sentidos, las emociones son parte importante de todos los seres humanos, por consiguiente sentirlas está bien, es normal, sentir miedo ante el peligro es necesario para huir o defenderte, sentir alegría ante una victoria está perfecto, entonces ¿Dónde está el problema con las emociones?

Pese a que estas pueden ser manifestaciones completamente normales del ser humano, puede suceder que llevadas al extremo traiga como resultado acciones fuera del sentido común.

Para entenderlo mejor veamos un ejemplo, una persona que ha ganado la lotería, la impresión que le da dicha emoción y la alegría que esta le genera le puede llevar a ejercer acciones que se escapan de lo normal, por ejemplo de la alegría no mide las consecuencias de las acciones y comienza a regalar dinero y derrochar.

Quizás alguien que va en su motocicleta y tras querer dar vuelta en un retorno se consigue que otro chofer se atraviesa y le ocasiona una molestia, por esta razón termina por perder el control y se va detrás del infractor para culminar todo en un posible acto de violencia.

Sentir la ira es normal, sentir la alegría es normal, lo que no es para nada normal es que pierdas el control ante la manifestación de dichas emociones, por este motivo, cuando se trata de hacer trabajo de inversiones y cualquier tipo de operación financiera, es importante que los sentimientos estén lo menos involucrado posible.

Realizar este tipo de acciones requiere de un alto nivel de responsabilidad, por lo que debes mantenerte en el mayor equilibrio posible, por lo tanto asegúrate que el momento de iniciar operaciones todo tu sistema emocional esté regulado sigue los consejos que te voy a dar en este momento y mantén tu carga emocional a raya:

Consejo # 1: Debes ser consciente de ellas

Nada vas a lograr jugando al equilibrio, tratando de ignorar una gran realidad como es los sentimientos, recuerda que no se trata de mostrarle a nadie que estás equilibrado, sino que debes ser sincero contigo mismo, alguien dijo que "las emociones son buenos siervos, pero malos amos" por lo tanto aprender a lidiar con ellas pero no puedes permitir que sean ellas las que lidien contigo. Entonces este primer paso consiste en que reconozcas que hay una posible alteración del estado emocional, por lo tanto no te permita realizar ninguna acción entre tanto no has calmado dicha emoción.

Consejo # 2: Piensa con conciencia

Y esto es una tarea que debes comenzar a realizar desde el mismo instante que has decidido iniciar en el mundo de los negocios, no puedes darte el lujo, como una persona común de andar con la mente a rienda suelta, tu mente es el laboratorio donde se gestan todas las ideas que luego se convertirán en acciones, por lo tanto no es prudente permitir que justo el sitio donde se gestarán todas las ideas financieras que ejecutarás, por esto activa el modo de pensamiento consciente.

¿Qué significa pensar conscientemente?

Esto se trata de domar los pensamientos, no dejar que la mente ande por sí sola sino que cada idea que en ella aparece sea producto de tu decisión, manténte centrado en ideas claras. Por otro lado puedes practicar un ejercicio muy interesante conocido como "la corriente" y es convertir tu mente en especie de corriente de agua, dando de larga a los pensamientos que no quieres que estén allí, ellos no pueden permanecer en la mente más que el tiempo que te dediques a acariciarlos, pero si tan pronto aparecen estos pensamientos y los dejas que sigan su camino estarás tomando el control.

Consejo # 3: Identifica los pensamientos dañinos

Aprende a reconocer esos pensamientos que vienen a tu vida y traen consecuencias, esos que son los que te hacen tomar acciones fuera de lo común, por ejemplo algunos llegan a perder el control por la ira, otros la tristeza y así cada persona puede tener una emoción que es la que lo lleva a ejercer acciones incorrectas.

Es muy normal que esas emociones se manifiesten en el lenguaje corporal, por ejemplo, algunos pueden entrar en estado nervioso y comienzan a comerse las uñas o ponerse inquietos, alguno en medio de la ansiedad puede asumir ciertas posturas y así cada persona puede manifestar los sentimientos de distintas formas.

Consejo # 4: Toma acciones antes que te dominen

Por lo general las emociones fuera de control son como una represa, donde si tienes el agua acumulada vas generando una presión que tarde o temprano puede ocasionar un caos, por lo tanto tras haber visto todos los pasos anteriores todo lo que queda por hacer es abrir las compuertas y permitir que el agua fluya.

En este sentido, lo que debes hacer con las emociones es drenarlas pero no vayas a trabajar, invertir, hacer ningún tipo de operación con las emociones a flor de piel. Por ejemplo, sal a caminar, practica ejercicios de respiración, practica la meditación, escucha música, o cualquier tipo de actividad que te permita sentir alivio respecto a los sentimientos que te pueden estar atropellando.

Consejo # 5: Llegó el momento de trabajar

Una vez que hayas logrado establecer el control de tus emociones ha llegado el momento de poner manos a la obra, trabajar en finanzas es una habilidad que solo personas serenas pueden llevar a cabo, y tras haber puesto en marcha cada uno de estos ejercicios puedes considerar que estás listo para trabajar, pero estas prácticas debes convertirlas en tu día a día, no solo puede quedar en una metodología que solo practicarás durante el período de entrada al negocio, sino que debe convertirse en un estilo de vida y tratar de manejar la serenidad como un elemento corriente, algo que se encuentra intrínseco en ti.

No olvides que la práctica es importante

Esto es algo que he venido mencionando quizás solapadamente desde que inicié este trabajo, hacer trading forex no se trata de un pasatiempo ni un entretenimiento, hacer forex es hacer una nueva carrera en tu vida, son la diferencia que en esta universidad aprendes haciendo, y si de verdad te dedicas aprenderás incluso ganando dinero.

Pero es que ganar dinero y consolidarte en el mundo del forex no es algo que va a suceder como producto de la casualidad, la verdad es que es la práctica es la que hace al maestro.

De acuerdo a estudios importantes se ha determinado que para que puedas ser contado como un profesional en alguna área debes tener un aproximado de diez mil horas acumuladas de experiencia en esta materia, esto una vez más deja demostrado que para poder hacerlo bien debes practicar.

Entonces si en realidad lo que deseas es esto, y lo que quieres es convertirte en un verdadero experto en forex trading, tengo una serie de claves que voy a compartirte.

Clave # 1: Define bien en tu trabajo

Un consejo muy importante que te quiero dar sobre esto es que desarrolles un completo enfoque, y así definas bien el negocio en el que vas a operar, nunca, pero nunca será una buena idea que intentes operar en varios negocios, lo importante al menos mientras solo seas un individuo luchando por tus sueños, que te enfoques en un solo sueño.

Séneca en cierta oportunidad expreso, "quien no sabe hacia dónde se dirige su barco, ningún viento le es favorable". Tratar de hacer todos es la mejor manera de no hacer nada, por lo tanto desarrolla la capacidad de enfocarte y definir qué es lo que quieres hacer, cuál es el rumbo que quieres seguir y al tener esta aspecto resuelto, es momento de avanzar.

Clave # 2: Elige un área por vez

Cada arte y cada oficio está compuesto por una serie de elementos que lo conforman, en este sentido lo que quiero que puedas ver ahora es lograr desarrollar el enfoque pero en un área particular del elemento que es objeto de estudio, por ejemplo:

Ya estamos convencidos que se trata de trading forex, ahora vamos a ver cada aspecto del forex y enfoquemos nuestra mente y nuestra proyección de aprendizaje en cada uno de los aspectos que hay que aprender el forex, en el capítulo dos te deje una serie de elementos que debes aprender y en los que debes desarrollar tu destreza respecto al forex pues en este momento corresponde que dediques tu esfuerzo a cada uno de esos elementos que allí están descritos.

Clave # 3: A practicar

Ya estamos claros en qué es lo que se quiere, pero además conocemos cada uno de los puntos referente a lo que trata todo esto, entonces no queda más que hacerlo una y otra vez, recuerda una cosa importante, no habrá jamás una fórmula mágica por medio de la que, con una varita mágica puedas convertirte en un experto de la noche a la mañana, esto solo será el resultado de una ardua tarea de aprendizaje, de cometer errores, de corregir los errores y cada vez ser mejor.

La tendencia es tu amiga

En el mundo de trading de forex debes comprender un asunto, la tendencia es el llavero que posee la llave que te permitirá abrir la puerta del éxito, por lo tanto, no importa cuántas cosas que puedas escuchar por ahí sobre esto, la tendencia debe ser tu compañera a la hora de si quiera pretender hacer algún tipo de operación.

¿A qué me refiero con la tendencia?

Esto necesita de poca explicación, la tendencia es la dirección que de acuerdo a los indicadores tenga una divisa de bajar o de subir, en los distintos modelos de mercado financiero es importante tener una clara panorámica sobre las tendencias, no obstante, es difícil encontrar un modelo como el forex para poder sacar partido de ambas tendencias, pero todo esto requiere de un ingrediente extra y es el análisis.

Pronto te estaré hablando del análisis y vamos a evaluar juntos como es que este aspecto puede marcar la diferencia entre un buen trader o no

Te he dejado un compendio de los más importantes consejos que debes considerar a la hora de hacer trading forex, para obtener los resultados que todos queremos a la hora de empezar en este negocio, requieres de varios ingredientes, lo primero es el enfoque del trabajo que vas a desempeñar, luego de esto está la determinación de hacerlo, nadie va a ser el vocero de tus sueños de libertad financiera, el único que lo puede ver eres tú.

Pero el ingrediente que falta a todo lo que acabo de

mencionar es la disposición de llevar a cabo cada consejo, cada aspecto de los que le he nombrado en este capítulo, pero es cierto que forex es extenso y lo que hay que saber de este tema lo voy a dejar todo plasmado aquí, por ello sigue conmigo y veamos otra serie de consejos necesarios para hacer un buen negocio de forex.

4

CONSEJOS BÁSICOS PARA HACER FOREX TRADING (PARTE 2)

Ya te he dejado un numero realmente importante de consejos, solo necesitas considerarlos con interés, son realmente importantes, pero he llegado con otra serie de consejos, es que como ya te he mencionado solo quiero que puedas tener la más grande capacidad de hacer frente a todos los posibles inconvenientes que se pueden presentar a la hora de hacer forex.

Depender ciegamente del mar de información que te vas a encontrar por medio de las redes es un acto de ingenuidad, te puedo asegurar que puedes encontrar miles y miles de artículos, cientos de cursos gratuitos a solo un clic de descarga, y otro número impresionante de video tutoriales que te hablen del negocio, del mercado de trading forex, de todo lo que supuestamente necesitas saber, y al final del día solo podrán darte un aporte real en el mejor de los casos de quizás un 10% de lo que debes saber de forex.

Lo que realmente necesitas, dónde radica la verdadera experiencia es en el campo de acción, lo que ahí se vive no habrá video tutorial que te lo aclare, la única manera de saberlo es trabajando, o recibiendo la información de aquellos que ya caminaron por ahí y que te pueden ayudar a que no seas tú quien deba andar por las mismas sendas que ya nos tocó a muchos caminar, por esto te traigo esta serie de consejos que al lado de los que te he dado en el capítulo anterior, son la perfecta alianza de manera inicial para salir airosos en el negocio del forex.

La importancia del análisis

Es necesario que tengas en cuenta lo importante que resulta para este tipo de negocio el tema del análisis, es en este aspecto que debes desarrollar un nivel de enfoque durante toda tu vida como trader, como ha quedado claro el ejercicio de este negocio no depende de una tarea exclusiva que debes hacer para recibir tu cuota salarial en la quincena o la semana, esto se trata de observación y análisis. El análisis de trading posee dos formas, el análisis el fundamental y el análisis técnico.

Estas dos herramientas son aliadas de los trader desde el momento puntual en el que deciden ingresar en el negocio, por ello quiero brindarte la orientación precisa hacia la importancia que tiene hacer una enfoque de estos dos aspectos del mercado financiero.

Análisis fundamental

Este es un estudio que pretende establecer el valor que tiene un producto, (desde luego hablando de productos financieros) lo hace desarrollando un valoración de los diferentes factores que influyen en el precio del mismo, este es un modelos de análisis de carácter bursátil. Los principios del análisis fundamental pueden ser aplicados para valorar otro tipo de productos que no coticen en la bolsa de valores, este método es utilizado fundamentalmente en la valoración de productos financieros.

Por otro lado, este modelo de análisis busca por medio de su implementación, establecer el valor que en teoría debería tener un activo, es decir que trata de definir el precio que se considera el adecuado en el valor de cualquier producto de carácter financiero.

Los elementos que pueden tener influencia en la valorización de este tipo de producto son distintas, por lo tanto para hacer un análisis fundamental hay que evaluar por ejemplo dos tipos de variable, las macro y las microeconómicas. Cuando hago referencia a variables microeconómica estoy haciendo referencia a esos elementos que tiene una influencia directa sobre la empresa y por lo tanto condicionan o afectan directamente solo a la empresa (o el producto financiero con el que participa dicha empresa en el mercado bursátil), mientras que las variables macroeconómicas afectan al sector en el que se encuentra dicha empresa, por lo tanto puede tener influencia en el valor del producto de varias empresas del mismo sector de aquella que es objeto del análisis.

Dicho todo lo anterior hay que entender entonces que existen dos maneras de enfoques que se pueden hacer a la hora de valorar el costo del producto.

- Método top-down
- Método botton-up

Acompáñame a echar un vistazo a cada uno de estos métodos, ver de qué se tratan, y cómo se desarrollan cada uno de ellos.

Método Top Down

Esto es un análisis detallado que se desarrolla en dirección de arriba hacia abajo, ¿Qué quiere decir esto? Lo que significa es que se hace un estudio desde lo general hacia lo básico, en otras palabras crea un enfoque en el orden siguiente, primero lo macroeconómico, y luego lo microeconómico.

Es decir para llegar a sus conclusiones antes que evaluar aspectos directos de la empresa, este busca llevar a cabo un análisis de la economía mundial, luego evalúa aspectos como los países que son más interesantes y con mayor potencial comercial a la hora de invertir, más tarde se hace una evaluación de los sectores de cada uno de dichos países que representan mayor atractivo para llevar a cabo dicha inversión, y finalmente, dentro de los sectores que figuran con mayor potencial se lleva a cabo un cuidadoso análisis para poder determinar en cuál de ellos invertir.

Método botton-up

A diferencia del caso anterior este método va en

sentido contrario, es decir del análisis de los elementos más pequeños hasta los más grande, o dicho de otra forma el enfoque de este modelo de análisis se desarrolla de lo particular hasta lo general, primero se hace una observación del tipo de variable microeconómica y finalmente las macroeconómicas.

En este modelo de análisis lo primero que se hace es una selección de las empresas en las que se observen potencial de crecimiento, más tarde se hace el análisis del sector donde estas empresas llevan a cabo sus operaciones, seguidamente es que viene el estudio de la situación económica en los países donde operan dichas empresa, y por último es que se lleva a cabo el análisis de la economía global.

Para llegar a las conclusiones en este sentido, el analista puede contar con varios métodos a través de los que puede realizar sus consideraciones, y así poder determinar el valor del producto que se encuentra estudiando, por ejemplo puede usar métodos de balance, los métodos que son basado en la cuenta de los resultados, las que se basan en los fondos de comercio entre otros.

Análisis Técnico

Ahora vamos a dar un vistazo al análisis que nos compete a todos los que estamos dentro del mundo del forex y de cualquier tipo de producto financiero, este es el análisis que nos va a ayudar a comprender como es que funciona este mercado, y por medio de los resultados de dicho análisis es que podemos asumir una posición bien sea de entrada o de salida en el mercado. Es decir que el análisis técnico viene a ser la herramienta con la que podemos determinar hacer una buena gestión de nuestra posición en el mercado.

Las cantidades de indicadores para este análisis en realidad son muchos, lo mismo que los patrones reconocibles de los sistemas y técnicas de trading, por lo tanto no es algo que deba quitarte el sueño, todo cuanto necesitas es tener conocimiento en una que otra herramienta, eso sí, que se complementen entre ellas y poner todo el empeño de aprender a utilizarlas a fondo.

No está bien pensar que vas a aprender a realizar un análisis técnico de la noche a la mañana, esto requiere de tiempo y práctica para poder definirse como un especialista en la materia, sin embargo, por lo pronto necesitas conocer algunas herramientas que se complemente bien y aprender a utilizarlas correctamente, el resto, lo que todos anhelamos que es la especialización no se adquiere porqué se tenga un post grado en análisis técnico (aunque no está mal apuntarse) pero esta vendrá como producto de la intensa práctica y desarrollo de la misma.

Ahora bien, los aspectos que debes considerar para lograr el desarrollo de un buen análisis técnico se deben elaborar en base a una serie de pasos, presta atención a cada uno de ellos, pero además ten presente una cosa: es en cada uno de estos pasos, que requieren la aplicación de algo que te mencione hace poco: "un paso a la vez". Por lo pronto solo enfócate en uno solo de estos pasos por vez hasta que lo domines bien.

Paso # 1: Enfócate en los gráficos

Este aspecto es uno de los que al principio puede causar un poco de incomodidad de los nuevos inversores, pero no es que este asunto represente un verdadero problema en sí mismo, solo se trata que encontrarse con estos elementos puede generar cierto nivel de sorpresa por lo nuevo que les resulta, son pocas las personas que antes de ingresar a este modelo de negocios hayan tenido algún tipo de relación con programas de esta naturaleza, pero insisto es solo un asunto de primera impresión, basta con algo de observación y desde luego orientación, y pronto te estarás convirtiendo en todo un experto en evaluar y entender esta herramienta.

Paso # 2: ¿Cómo hacer una buena identificación de resistencias y soporte?

Este es el segundo aspecto en los que debes enfocar toda tu atención, pero para poder identificar, qué es soporte y lo qué sería resistencia, lo primero que quiero que hagamos es evaluar a detalles estos dos elementos.

Al observar las gráficas vas a notar que las líneas pueden subir y luego bajar, bien, en este fenómeno es que se dan los conocidos soporte y resistencia, el punto más bajo de la línea justo antes de darse la vuelta y comenzar a ascender sería el soporte, es decir la base donde se sostiene la pirámide que cada vuelta va desarrollando, mientras que la resistencia es todo lo contrario, el punto más alto que alcanza el indicador antes de comenzar a descender.

¿Por qué fijarse en soporte y resistencia?

Estos dos aspectos técnicos del mundo del trading forex son sumamente importantes para lograr un buen análisis, el soporte refleja un nivel muy por debajo del precio actual, por lo tanto lo que se espera es que la fortaleza del nivel de compras supere al de ventas, este tipo de información te irá dando la orientación necesaria para poder tomar tus decisiones, que de hecho serán las más sabias a la hora de entrar o salir del mercado.

Paso # 3: Interpretando velas japonesas

Este aspecto es uno de los que más miedo ha causado, ya que algunos llegan a creer que interpretar velas japonesas supondrá el equivalente de saberse de memoria todas las direcciones de calles y avenidas de ciudades como Nueva York, pero no hay nada más lejos de la realidad, interpretar estos elementos de los gráficos de forex solo requieren del ingrediente más sensato del ser humano, se llama sentido común, por lo tanto no te hagas tanto rollo, solo enfócate y aprende a relacionarte con esta herramienta, te garantizo que con un poco de práctica comenzarás a sacar partido de estas ellas.

Estos son los tres primeros pasos que debes dar para realizar un trabajo de análisis técnico, por lo pronto debes dedicarle todo el tiempo que sea necesario a la comprensión de estas herramienta, una vez que lo hayas hecho, es momento de fijarte en detalles como los tipos de operaciones, los detalles de las velas chinas como las nieblas de la última vela, y demás.

A través del análisis es que podrás desarrollar un negocio que funciona en base a datos muy claros pero que son evidentemente variables, además te mencionaré otro de los factores en los que un buen análisis tiene resultados adecuados.

El análisis es buen predictor

A través del análisis es que podrás predecir los posibles resultados que se puedan obtener, esto en función del conocimiento que se pueda obtener en dirección a la dinámica que puede desarrollar el mercado día a día, luego de un verdadero, certero y profundo análisis es que puedes llegar al punto de predecir cuál será la conducta que adoptará el mercado, basándose desde luego en aspectos como la tendencia, aunque puede sacar partido de otra serie de circunstancias como los datos que se logran obtener sobre la oferta y la demanda.

Puedes aprovechar valores objetivos

Si de garantía se trata la importancia de la predicción, entonces esta herramienta es en definitiva la más idónea, este tipo de predicción te da enormes garantías, pues esta técnica está basada sobre el elemento más objetivo que existe: el precio, ¿habrá un valor más objetivo que este? El hecho de ser así ya es una garantía que cuentas con gráficos completamente verídicos.

Realiza un seguimiento de las altas y las bajas de las divisas

El epicentro de todos esto son las divisas, no cabe entonces la menor duda que un análisis al aspecto de las subidas y bajadas te van a brindar los mejores beneficios, ya que al entender el mercado y tener una visión objetiva de los movimientos y el comportamiento de las divisas, servirá para tener una visión muy clara sobre hacia donde debe inclinarse nuestra acción.

Disminuirías el margen de error

A más práctica, y más análisis, mayor posibilidad de una visión más clara, de manera que hay un margen muy cercano de tener éxito en los movimientos que realices, no hay manera de negar que la observación detallada y un buen análisis es la manera más seguras de lograr el éxito dentro del mundo de trading forex.

Planea toda tu actividad de trading

Estar planificados es quizás la única forma de poder alcanzar objetivos claros, por lo tanto cuando hablamos de poder planificar la actividad de trading no se trata de otra cosa, es exactamente eso, es poder establecer toda la estrategia por medio del cual vamos a realizar todo nuestro trabajo y fijar una consecución de elementos que serán los que llevarán a cumplir de forma satisfactoria los objetivos trazados.

En este sentido no debes estar preocupado por la metodología de tal o cual inversor, o del gurú que te asegure cual es la manera correcta de elaborar tu plan de actividades, en realidad esto puede variar de un trader a otro, cada uno puede tener su propia estilo para desarrollar su estrategia, pero sobre esta premisa hay que evaluar que existen una serie de consejos, de rasgos generales, que debemos evaluar cada uno de los que llevamos a cabo una estrategia para nuestros trabajos de trading.

Trazar la ruta

Por aquí se debe comenzar, por evaluar en primer lugar el aquí y ahora y luego decidir a dónde voy, para poder lograr un poco más de claridad sobre este asunto sería fundamental que evalúes dos aspectos importantes y las variables de cada una, que te van a ayudar a tener una visión más amplia de la ruta. En primer lugar evaluar el aquí y ahora, y este renglón estaría enfocado en responder estas interrogantes, ¿dónde estoy en este momento? Es decir debes definir qué tipo de trader eres, o en qué nivel de experiencia te encuentras.

Más adelante viene otra interrogante a responder y esta sería, ¿con qué tipo de educación cuentas?, para poder desarrollar un plan sensato debes ser sincero contigo mismo y establecer cuál es el tipo de experiencia que te acompaña, y por último sería determinar el capital que tienes a disposición para desarrollar tu plan de inversión.

El segundo aspecto que se debe estudiar en este punto es a dónde quiere ir, y este asunto deber responder a tres cosas importantes, lo primero es: ¿qué es lo que se propone con la operación que va a realizar? luego debes determinar a dónde quieres llegar con la acción que vas a desarrollar, y por ultimo evaluar, qué resultado es el que espera para poder sentir que la operación ha sido exitosa.

Organiza tu meta

Lo siguiente a todo cuanto he desarrollado anteriormente es convertir ese deseo en una meta, recuerda que un sueño que se queda en la mente no dejará de ser sueño, en consecuencia debes transformar ese sueño en una meta, ¿y cuál es la diferencia? Puede tratarse de lo mismo, pero la diferencia está marcada por el plano en el que se encuentre, así que debes llevarlo al papel, convertir ese sueño en una meta. Esto realmente no es algo que sea tan complicado, solo debes seguir los siguientes pasos.

Paso # 1: Escríbelo

Lleva al plano del papel (virtual o real) lo que deseas alcanzar con dicha operación, si es posible ponle un nombre para que te logres identificar más con el objetivo principal.

Paso # 2: Lleva una bitácora:

Este es el siguiente paso, lleva un buen registro de cada uno de los logros que has ido obteniendo por medio de las acciones que has ido llevando a cabo.

Paso # 3: Lleva un buen control financiero

El aspecto fundamental de cualquier operación financiera es el dinero, las finanzas, por esto es que debes llevar un registro y control de todos tus movimientos financieros, dejar todo este asunto al azar supondría que es mejor regresar al punto inicial y comenzar de nuevo.

Puntos claves de tu plan

Una vez que haya establecido tu plan hay varios aspectos de este que debes mantener en constante evaluación.

- Debes tener en claro cuáles son las motivaciones por las que estás ejerciendo la acción, como hemos visto antes asegúrate que no sea algo emocional, y mucho menos se trate de algún tipo de influencia, solo por poner dos ejemplos
- ¿Cuál es el nivel de tranquilidad que tienes respecto a la posibilidad que algo no salga como lo esperabas?
- ¿Qué tiempo le piensas dedicar a este negocio para lograr los objetivos planteados?
- El nivel de preparación o conocimiento que tienes para lograr tus objetivos

Son todos estos cada uno de los aspectos básicos para planificar tu trabajo de trading, además de la constancia y la práctica, necesitas organización, el orden te va a brindar la posibilidad de hacer estrategias cada vez con mejores características, y desde luego con mejores resultados.

Familiarízate con los gráficos de precios

Quiero que tomes en consideración algo que he venido diciendo, y no de manera casual, sé que esto es un elemento de este tipo de negocio que suele ser intimidante, me refiero al asunto de los gráficos, lo que trato de decir es que no debes permitir que esto sea algo que te intimide, por lo tanto es algo en lo que debes desarrollar incluso pasión, los gráficos resultan ser tus verdaderos amigos en este negocio, en consecuencia vamos a dar un vistazo a este asunto de los gráficos de precios, vamos a empezar por definir qué son y de que se tratan.

Como el mismo nombre lo indica, no se trata de otra cosa más que de una forma de representación, a través de cuadros de gráficos donde vas a encontrar toda una amplia lista de precios de los distintos activos financieros que se encuentran enmarcados en una determinada línea de tiempo, en este tipo de herramientas procesar los gráficos es algo que puedes llevar a cabo de maneras distintas, por un lado tendremos una lista con toda la cantidad de elementos informativos que son de hecho los que vamos a procesar:

- Todos los activos financiero
- El periodo de tiempo que se va analizar, por ejemplo, los días, las semanas, mes, etc.

- Por otro lado se realiza un estudio del proceso de apertura y el período en el que este se va a desarrollar
- De la misma manera se evaluará cuál es el precio de cierre

Esto como regla general, sin embargo, a los elementos que acabo de mencionar debemos agregar otros asuntos como el volumen, el minimo, máximo, etc. La ventaja de tener este tipo de gráficos es que si tratas de manejar toda esta información de manera individual te aseguro que será casi imposible procesar toda esta información, no obstante, al encontrarte con todo esto frente a ti en graficas podrás hacer un compendio de toda la información que debes procesar, y te resultará más sencillo llevar un buen registro informativo al momento, de cada uno de esto aspectos mencionados.

En resumen, lo que vas a encontrar es la posibilidad de observar en tiempo real, es ver el comportamiento de los precios del mercado, o sea, si este sube, baja o se mantiene estable, su objetivo principal es evaluar entonces la manera en que se están comportando los activos financieros.

Los gráficos en realidad están para ayudarnos, es

decir que con ellos se nos pone todo más fácil, por esto tienes que verlo de manera objetiva, al contrario de lo que muchos piensan cuando lo ven por primera vez, que el mundo del trading sería más sencillo sin graficas, te acabo de demostrar una vez más que la realidad es otra, son los mejores aliados para tu éxito como trader.

No olvides las órdenes de "Stop loss"

Ante que todo déjame aclarar que significa esto, el término anglosajón significa "detener perdida", y se trata de una figura dentro del mundo del trading, que de alguna forma brinda la garantía al inversor de seguridad que no habrá perdida en la inversión que planea realizar.

Esta es una orden que no avanza, es decir ella se mantiene en espera entre tanto el precio subyacente de dicho producto financiero alcanza establecerse un precio objetivo, que es previamente convenido por el inversor. Una vez que el producto haya alcanzado el precio que se esperaba, se activa de manera automática para luego enviar al mercado la orden correspondiente bien sea de compra o venta que estaba previamente introducida.

No te excedas con las operaciones en Forex

La vida exige de nosotros un buen balance, y esto en todos los aspectos en los que nos enfoquemos, no obstante el mundo de los negocios pero específicamente el negocio de forex, es importante aplicar este principio sobre operar, ya que hacerlo sin el control debido, antes que ser una oportunidad puede representar un riesgo y un retroceso en tu avance.

Pero antes de presentar cualquier estadística o argumento solo echemos un vistazo a los grandes trader, aquellos que la experiencia los ha llevado a sacar verdaderas y muy buenas ganancias de este negocio, ¿Qué cantidad de operaciones realizan al mes? Basado en esa observación es más que suficiente para convencernos que esto es una muy peligrosa decisión.

Ahora bien, determinar de manera concreta la cantidad de veces que se debe realizar operaciones no es algo que se pueda hacer con puntos específicos, pero contamos con una serie de elementos que te pueden dar una dirección de cuál puede ser el punto de equilibrio.

Lo primero es que consideres que el trading es un negocio que funciona 24 horas por día cinco días por semana es decir de lunes a viernes, lo otro es determinar cuáles son los horarios más indicados para hacer operaciones, los días de la semana que son más activos para cotizar, en consecuencia, los días en que no es para nada recomendable que inviertas.

En base a esta serie de información es momento de preguntarte cuántas operaciones son las recomendables, pero como acabo de decir no se trata de dar un número determinado de operaciones que debes realizar, más bien se trata de seguir ciertos elementos direccionales que te brindarán la información necesaria de cuantas debes hacer.

En este punto lo que corresponde es evaluar el time frame, este te ayudará a evaluar la cantidad de operaciones que puedes realizar de manera mensual, y el resultado de esto se debe a que la dinámica de los más pequeños resulta ser mucho más rápida que la de aquellos time frame mucho más grande, por este motivo este te dará mayores oportunidad para llevar a cabo tus operaciones.

Pero más importante que lo anterior tiene que ver es con el estilo de trading que estas desarrollando, hay unos trader que prefieren hacer swing trading, esto en el time frame diario, haciendo un uso de la acción de precios, por este motivo la cantidad de operaciones será completamente diferente a las que suele desarrollar un trader que prefiere llevar a cabo escalping en los time frames menores

Ten cuidado con la avaricia

Esto puede guardar de alguna manera relación con el consejo anterior, sin embargo, puede darse que en el caso anterior se haga más por desconocimiento que por avaricia, pero desde luego debes tener un especial cuidado de no permitir que sea la avaricia la que te lleve a realzar tus operaciones, ya que este sentimiento es el peor consejero y te puede llevar a cometer las más grandes imprudencias.

La avaricia y la ambición no son sinónimos, partamos de aquí, la ambición (que también puede corromperse) es el deseo de llegar más lejos pero partiendo de una idea de progreso, el deseo de cada vez crecer en la vida y hacer las cosas que sea necesario para una vida mejor, por ejemplo, quien invento el primer avión tenía el deseo y la ambición de transportarse de manera más rápida, esta ambición lo llevó a planificar una meta que le ayudaría a mejorar este aspecto de su vida. Pero por otra parte, la avaricia no es más que un deseo muy difícil de controlar, de obtener cada vez más y más riquezas sin un fin más que el de atesorar esas riquezas.

Para dominar este mal debes primero dar un vistazo al tema del ego, pues la avaricia no es más que un descontrol del ego que ha llegado a convertirse en egocentrismo, por esto es que te recomiendo ten cuidado de no caer en este estado, porque te garantizo que le restará inteligencia a tus inversiones y solo lo lamentarás luego.

Ya es preciso cerrar este ciclo de muy buenos consejos, recuerda una última cosa, el enemigo del aprendizaje es la soberbia, de manera que si en realidad quieres hacer toda una carrera en este negocio, debes dejar porque sí cualquier vestigio de soberbia, debes permitir que te tomen de la mano y te lleven paso a paso por cada uno de los distintos caminos que debes andar.

En consecuencia más que estrategias, consejos de amigos, ¿qué te van a ayudar? claro que sí, te vas a librar de dar una cantidad de tropiezos innecesarios, no te estoy garantizando ni prometiendo que no tendrás tropiezo, pero claro que lo tendrás, no obstante tomar con determinación estos consejos y su buena ejecución es más que suficiente para librarte de una multitud de peligrosos errores.

5

CLAVES PARA ELEGIR UN BUEN BRÓKER DE FOREX

Te he mencionado algunos de los aspectos acerca de bróker, con ello ha quedado claro que un bróker es un intermediario entre dos partes que van a hacer un negocio, es decir el bróker es el que se encarga de establecer la conexión entre ambas partes: el comprador y el vendedor.

En relación a esto, en medio del mundo de mercado financiero vas a encontrar esta figura, que en este caso se refiere a una plataforma a través del mundo web que te ayudara a hacer las negociaciones, ahora bien, obtener un bróker es realmente una tarea muy sencilla, pero lo que puede no resultar para nada sencillo es elegir el bróker necesario o el más aconsejable.

Hablar de bróker puede llevar al imaginario de alguien la idea que se trata de algo que siempre tendrá el mismo aspecto y la funcionalidad, y esto a rasgos generales podría ser casi real, no obstante, entre un bróker y otro pueden resultar diferencias realmente enormes, por lo que no es prudente dejarlo sin analizar. Para poder hacer un buen estudio sobre este asunto hay una serie de interrogantes que hay que realizarse.

¿Cuán seguro son?

¿Cuánto cuesta operar con ellos?

Déjame ponerlo más claro, el bróker opera de manera virtual, por lo tanto la empresa que te presta servicios de bróker es en realidad una página web, aunque dichas empresas tienen oficinas en varias partes del mundo, en consecuencia se trata de un programa que en algunos casos operan directamente online mientras que en otros puedes hacerlo descargándote un software a tu computadora, teléfono o ambas.

Este software te va a brindar una serie de herramientas por medio de las que vas a llevar a cabo todas las operaciones, y es inicialmente en estas

herramientas que hay que poner la atención principal, pues estas herramientas son las que facilitarán el
trabajo del trader, dando así la oportunidad que las
acciones ejercidas por el mismo sean de mayor calidad, estas son las principales herramientas que debes
evaluar en el bróker que vayas a elegir.

- Cotización de los más importantes pares de
  divisas todo esto en tiempo real
- Gráficos importantes sobre el
  comportamiento del mercado
- Noticias destacadas del mundo de las
  finanzas a nivel mundial
- Variedades de herramientas que te
  permitirán realizar los análisis técnicos
- Un importante registro de las operaciones
  que se van realizando con la plataforma
- En algunos casos se encuentran integrados
  los sistemas de automatización del trading

Está claro que muchas de estas herramientas pueden
variar de un bróker a otro, es decir algunas pueda
que estén en unos y en otros no, pero pueda que
estas posean otras herramientas que no están
mencionadas aquí, pero hay algunos detalles en los

que debes poner tu atención a la hora de elegir un bróker, y mi recomendación es que evalúes la posibilidad de que estos estén incluidos en tu plataforma bróker: asegúrate que el diseño de la pantalla incluya un resumen de la cuenta en la que desde luego esté incluido el saldo de la misma.

Otro elemento que debes prestar atención y asegurarte que esté incluido, es que te permita ver las perdidas, lo mismo que las ganancias latente, el margen con el que tengas disponibilidad, además de las posiciones abiertas, no pierdas de vista el apalancamiento y asegúrate de igual manera que cuentes los cargos de rollover en las posiciones abiertas. Por ultimo necesitas encontrar en el diseño de tu plataforma los informes de rentabilidad.

Estos aspectos son principales, pero no son los únicos hay que ver aspectos como la funcionabilidad, la practicidad y otros elementos, en esta dirección voy a ampliarte todo el panorama sobre los bróker y para ello te voy a dar a lo largo de este capítulo las claves necesarias para que la tarea de elegir un bróker sea mucho más sencilla.

Clave #1: Seguridad y fiabilidad

Debes recordar una cosa, el bróker será la plataforma en la que vas a depositar tu confianza, y esto se traduce que es allí que vas a depositar tu dinero, el bróker como mediador te va a solicitar una cantidad mínima de dinero para que comiences a opera en el mercado, algunas lo piden en dólares, en otro caso se tratara de euros, el piso de lo que debes utilizar para llevar a cabo tus operaciones lo va a determinar cada bróker, (sobre esto hablamos en breve), pero lo que quiero resaltar es que vas a poner tu dinero en manos de "desconocidos".

Pero no solo eso ellos son los que van a manejar tu dinero, por lo tanto es poco racional que elijas un bróker sin tomar en cuenta los detalles importantes como el tema del dinero y otros elementos que requieren de seguridad y tu especial atención, dicho esto no queda más que aprender a distinguir entre un bróker que brinda garantías y te da seguridad, y uno que puede ser algo dudoso, sigue los siguientes consejos en esta dirección.

Debe estar debidamente regulado

Este es la primera característica que hace que un bróker sea completamente confiable, la regulación por parte de los organismos sancionatorios y reguladores del mercado financiero alrededor del mundo, estos son los árbitros que están pendientes que este tipo de empresas y plataformas desarrollen un trabajo confiable, de manera que el margen de encontrarte afiliándote a un bróker que puede terminar por ser una estafa baja considerablemente.

¿Cuáles son los organismos de regulación de los bróker?

En realidad son muchos, estos operan imponiendo las reglas dentro de los países de origen, pero la manera en que logran ejercer la presión sobre el buen desempeño de cada uno de los bróker aunque no estén situados dentro de su áreas geográficas, es que estas plataformas al realizar operaciones que involucren a los países de origen de dichos entes reguladores, estarán sujetos a asumir las reglas que se imponen en esos países, a continuación te voy a mencionar los más importantes.

Comisión nacional del mercado de valores: España (CNMV)

Este organismo inició sus trabajos a mediados del año 1988, su sede principal se encuentra en la ciudad de Madrid, y es el ente que se encarga tanto de hacer las correspondientes supervisiones, lo mismo que se encarga de inspeccionar los distintos mercados de valores del país europeo.

Este es uno de los organismos que se consideran más estrictos en el sector financiero, su responsabilidad está en mantener el orden dentro de los mercados financieros, por este motivo, los bróker que se encuentren regulados por este organismo están sujetos a las estructuras legales de España.

Financial Conduct Authority: Inglaterra (FCA)

Este organismo que opera de manera independiente fue creado en el año 2013, ha cumplido un interesante trabajo en la protección de los consumidores, lo mismo que el mercado financiero, esta tiene como función principal asegurar el buen funcionamiento de las empresas bien sea grande o pequeñas

Eidgenössische Finanzmarktaufsicht: Suiza (FINMA)

En el año 2009 fue que esta entidad comenzó a llevar a cabo sus operaciones, considerada una de las más estrictas del mundo, opera desde suiza, al igual que en los casos anteriores esta tiene como misión asegurar que las empresas del sector de finanzas tal como es el caso de los bancos, o bróker entre otros, puedan ser reguladas de manera que manejen buenas practicas con sus actividades financieras, este trabajo lo desempeñan con tanto compromiso que en el años 2016 inició una serie de investigaciones por algunos bancos por presuntamente incurrir en algunas acciones de ilegalidad, por esta razón acarrearon serias sanciones por parte del FINMA.

Cyprus Securities and Exchange Commission (CySEC)

Este es el organismo de Chipre, igualmente reconocido como uno de principales y más estrictos organismos en materia de seguridad financiera, desde el año 2001 opera en Chipre, convirtiéndose en una de los organismos más importantes y de gran influencia.

Estas son las principales entidades regulatorias, ojo, no son las únicas hay munchas más, sin embargo, estas son las más importantes, de manera que al ver un bróker que está siendo regulada por ellas puedes tener la seguridad que estás al frente de un bróker con un amplio margen de garantía que se trata de un bróker seguro.

Evalúa la opinión de los usuarios

Esta es otra de las características que debes evaluar con mucha atención, se trata de ver los foros donde los que son o fueron usurarios de dicha plataforma aportan información valiosa, por ejemplo hay bróker de socialtrading en el que podrás evaluar los comentarios, y los resultados del mayor número de usuario, ese tipo de información es realmente importante para determinar el nivel de seguridad.

Comienza con cautela

En todo caso siempre será importante evaluar de manera personal el nivel de seguridad de la plataforma, por este motivo te recomiendo que vayas llevando a cabo un procedimiento lento para que evalúes por ti mismo los resultados, el tema de los retiros del dinero y todos los aspectos que sean importante, para asegurar que es exactamente la plataforma que necesitas para desempeñar tu trabajo de trading forex.

Clave #2: Depósitos mínimos

Este es el segundo aspecto en el que tienes que poner tu atención, y esto justamente porque guarda especial relación con elementos como el capital con el que vas a ingresar en el negocio, recuerda que la inversión inicial debes procurar a toda costa que sea bastante modesta, no debes apresurarte, por ello la recomendación es que elijas un bróker que te permita trabajar con cantidades modestas, existen todo tipo de bróker, desde las que te exigen como cuota mínima para operar 2000 dólares hasta las que te obsequian algún pequeño capital para que comiences a ejercer operaciones.

Vamos a ver una lista brevemente de los principales bróker del mercado y a su vez evaluamos la cantidad mínima que exigen de divisas para poder comenzar a operar en el mercado.

XBT

Una plataforma veterana en el mercado del trading, altamente recomendada por la comunidad de usuarios, que además cuenta con la solidez de ser una de plataforma regulada por organismos como CNMV, la FCA, y la IFSC, lo que le brinda un blindaje magnifico, sin duda que es una muy buena opción a la hora de elegir, la cantidad mínima para obtener acceso a ciertas operaciones es de cero, es decir puedes hacer tu usuario a este bróker incluso sin hacer ningún deposito, y además tienes la posibilidad de trabajar con cuenta demo.

Plus 500

Este bróker posee una serie de elementos que son realmente importantes e interesantes para los nuevos inversionistas, por ejemplo cuenta con una cuenta demo de manera ilimitada, lo que te puede servir para ir practicando el tiempo que sea necesario hasta que aprendas a dominar el mercado y estés listo para ingresar a realizar tus primeras acciones dentro del negocio, por su parte el hecho de contar con regulaciones de los organismos más estrictos también lo convierte en una gran oportunidad por todo aquello de la seguridad, la FCA, la CYSEC y la ASIC, serían los organismos encargados de evaluar el comportamiento de este bróker, en cuanto a la cuota mínima de inversión en esta ocasión está situada en la cantidad de 100 dólares.

Etoro

En el caso de Etoro es uno de los más importantes de la actualidad, en primer lugar por el tema de la seguridad, cuenta con importantes regulaciones de los organismos internacionales, pero otro elemento que lo hace muy atractivo en asuntos de seguridad es la cantidad de usuarios que hacen uso de esta plataforma, una de las comunidades más grandes de usuarios de bróker en el mundo es Etoro, igualmente puedes disfrutar de una cuenta demo de manera ilimitada, y te permite ingresar con una cuota mínima de 200 dólares.

Pepperstone

En lo que se refiere a la inversión mínima de esta plataforma encontramos que puedes ingresar con una cuota de 100 Euros, además en temas de regulación este bróker esta igualmente blindado, cuenta con la observación de entes reguladores como la FCA y la ASIC, disfrutas también de una cuenta demo pero en este caso es por tiempo limitado.

Esto es solo una muestra de las distintas plataformas (apenas una pequeña muestra) a las que puedes tener acceso, ingresar en el mundo de los negocios nunca fue tan fácil, todo lo que necesitas es evaluar cada detalle y en base a esos detalles tomar las más inteligentes decisiones, pero aún hay más cosas por analizar de estos bróker, ¡avancemos!

Clave #3: Variedad de activos, y plataforma

En capítulos anteriores mencioné que el mundo del forex es un mundo de muchas oportunidades en el que puedes sacar provecho de la volatilidad del mercado, pero para contar con una mayor posibilidad de ser parte de ello, posiblemente necesitaras operar en varios tipos de activos, por lo tanto uno de los aspectos que hay que considerar del bróker es con cuántos activos opera, pero sin dejar el tema de los derivados y por supuesto la plataforma de trading.

En el listado anterior te he mencionado algunos de los bróker principales, de hecho en ellos vas a encontrar los mejores pares de divisas, incluso vas a encontrar oportunidades interesantes como operar en el mercados de las criptomonedas, lo importante es que evalúes al momento que te vayas a hacer de los servicios de cualquiera de estos bróker, que hagas una evaluación muy personal de los distintos pares de divisas con los que opera.

A continuación te daré una lista de algunos bróker que te pueden servir o bien como guía o puedes elegir uno de ellos, siempre quedará a tu decisión, te dejaré la información más detallada posible sobre este asunto.

- Plus 500 opera con 70 pares de divisas, y las plataformas de trading que te ofrece son Plus 500 webtrader
- XBT opera con más de 50 pares de divisas y en cuanto a las plataformas te ofrece X Station y MT4
- E toro te ofrece más de 40 pares de divisas para tus operaciones, a su vez que te permite

operar con la propia plataforma desarrollada por la misma empresa, y que funciona ciento por cien on line, de manera que no requiere descarga

- XM por su parte te ofrece 57 pares de divisas, y en lo referente al tema de la plataforma te permite operar con MT4 y MT5

- Bróker como Markets.com opera con 51 pares de divisas y puedes trabajar el trading con las plataformas Webtrader Sirix, MT4 y recientemente acaba de lanzar su propia plataforma MarketsX

- IG es un bróker que trabaja con más de 50 pares de divisas, y cuenta con su propia plataforma para trading web

Son solo algunas de las muestras de la cantidad de bróker que hay en el mercado y que cada uno de ellos tiene estas particularidades, de manera que solo resta que comiences a realizar tu propio estudio de investigación para que logres determinar cuál es la que se ajusta a tus necesidades y vayas desarrollando la inclinación por una de ellas.

Clave # 4: Comisiones y spreads

Este aspecto es algo con lo que debes tener mucho cuidado, pero sobre todo en el caso de ser principiantes, ya que de no tener una idea clara de los diferentes tipos de comisiones a los que te puedes exponer con determinados bróker, puedes terminar por exponerte a riesgos de perdida y desde luego no has llegado a este negocio para perder, por lo tanto una vez que tengas en la mira tú posible objetivo como bróker, no lo tomes sin antes evaluar esta información tan importante, existen varios tipos de comisiones y te los quiero mencionar ahora a fin de que tengas el conocimiento de cada uno de ellos.

Comisión por compra venta

Esta comisión es la principal que muchos bróker aplican, y esto porque como sabemos los bróker son solo el intermediario de la negociación, por lo cual al fungir como un intermediario este suele aplicar su cobro de comisión por el papel que está ejerciendo, el mecanismo que aplican los bróker es una tarifa basada en el costo de la operación, salvo aquellas operaciones en las que la inversión suelen ser bajas, los bróker aplican entonces una cuota mínima.

El spread

Esta es de igual forma muy normal que se cobre en

el ejercicio del trading, de hecho esta figura de comisión se encuentra presente en el forex, al igual que en muchos de los mercados financieros, como por ejemplo el de acciones, pero ¿Qué es el spread? Esto es solo el diferencial, es decir la diferencia que hay entre el precio que tiene una compra y el precio de la venta.

Vamos a ver cómo funciona todo este asunto, asumamos el caso en el que un bróker nos ofrece un precio para hacer compra de un par de divisas (por ejemplo el par EUR/USD), con un valor de 1,1555, es decir, que esta cifra representaría el valor correspondiente en USD por parte de EUR, en el caso que tengamos la intensión de hacer la compra del par de divisas, cada uno de los euros que vayamos a adquirir tendrá que ser cancelado a ese precio en dólares.

Pero además de lo anterior, ofrece la oportunidad de vender la misma divisa, pero en este caso tendría una venta algo inferior a costo de la compra entonces estaría en 1,552.

Frente a este ejemplo, observamos que realizar la compra siempre es más caro que vender, es esta una de las maneras en que los bróker obtienen parte de sus ganancias.

Comisión fija por la operatividad

Este tipo de comisiones son una figura que algunos bróker imponen solo por el hecho de la realización de operaciones, es decir, es una tarifa impuesta por el bróker en la que se establecerá desde el comienzo una cuota fija, en este caso no estará determinada por el costo de la operación, sino que ante el valor cualquiera que este tenga, se deberá pagar la misma tarifa, de hecho hay algunos casos en que se hace el cobro de ambas comisiones, la tarifa fija y el spread, pero esto generalmente está supeditado al caso de las cuentas cuya inversión mínimas suelen ser altas, o sea la cuentas para profesionales , o al menos para personas más experimentadas.

Prima nocturna

Esta tarifa que también la puedes encontrar con el nombre de swap, requiere una especial atención de lo contrario se puede escapar de las manos ya que es una comisión que se suele cobrar cuando se realizan operaciones que dura de un día a otro, pero igualmente si la operación dura varios días la comisión será cobrada por cada día.

Por lo general estos son los modelos de cobro principal que suelen hacer los bróker, no obstante hay otros modelos de comisiones que pueden aparecer con cada uno de ellos, por lo tanto corresponde a que tengas mucho cuidado o puedes correr el riesgo de terminar pagando una cantidad exagerada de comisiones sin darte cuenta de donde aparecieron, por lo que de debes tener la precaución de leer las letras pequeñas del contrato.

Clave #6: Atención al cliente

Este es el último aspecto que debes evaluar del bróker que vayas a elegir, cuál es la capacidad de respuesta que tiene el bróker con el cliente a la hora que este requiera atención de la empresa, muchas de estas plataformas tienen presencia en algunos países, por lo que uno de los aspectos que debes evaluar principalmente es el nivel de cercanía que puede existir con la empresa.

Desde luego que casi todos bróker cuentan con una forma de respuesta vía correo electrónico, incluso algunos casos respuesta inmediata por medio de chat en la misma plataforma, pero contar con una oficina cerca de ti puede ser de mucho provecho.

El bróker será el compañero de camino con el que andarás a partir del día comiences a trabajar en este negocio, por lo tanto debes procurar un bróker amigable, que sea fácil de comprender, pero que te pueda brindar bajas comisiones y cuente con el producto financiero con el que vas a trabajar, por lo tanto elige bien y el camino hacia la cima en este negocio será mucho más fácil.

6

ESTRATEGIAS DE FOREX TRADING
PARA PRINCIPIANTES

Trabajar realizando trading no tiene una formula específica, no se trata de un método que solo lo haces y ya obtienes resultados, cualquiera de las modalidades que apliques o de los productos financieros con los que decidas trabajar van a requerir que utilices ciertas estrategias, y hablar de estrategia supone que se trata de algo más que una sola estrategia, sino que pueden haber varias y obtener buenos resultados.

Las buenas estrategias son el resultado de una muy buena observación, de manera que para llegar a diseñar las tuyas es importante pero necesario que te mantengas en una constante práctica, la tendencia es la que irá determinando la estrategia que vas a llevar a cabo, por lo tanto debes observar con detenimiento los indicadores y el comportamiento del mercado, y sobre ello ir desarrollando tu estrategia.

Ahora bien, desarrollar una estrategia no es del todo tarea fácil, sin embargo no es algo que no se pueda llevar a cabo de buena manera con algo de práctica, no obstante no hay una mejor manera de obtener algo de experiencia que a través de la observación y del ejemplo, por esto, antes que comiences a desarrollar tus propias estrategias, quiero regalarte algunos ejemplos de alguna de las tantas estrategias que puedes desarrollar en el forex trading, ha llegado el momento de convertirte en trader.

#1: Estrategia de trading de rompimiento

Esta es una de las estrategias más prácticas para los casos de principiante, pese a que llevarla a cabo puede resultar al principio un tanto complicada, solo necesitarás algo de esfuerzo y dedicación , una vez que hayas logrado tomar el control de ella será realmente muy sencillo llevarla a cabo, quiero advertirte que hay un enemigo exclusivo tanto de esta como de cualquiera de las que te voy a mostrar más adelante, y se trata de la impaciencia, recuerda que estás en un proceso de aprendizaje, llenarte de ansiedad y en consecuencia de impaciencia, no hará otra cosa que entorpecer todo el proceso, así que préstame atención, debes mantener la calma.

Preparación de la estrategia

Para llevar a cabo esta estrategia requieres primeramente establecer las condiciones adecuadas del mercado, dichas condiciones requieren un nivel donde no se muestre movimientos importantes en los precios, pero además de esto la volatilidad es baja. Para poder descubrir esta situación tienes la posibilidad de hacer un uso de una media móvil simple, es decir de 200 periodos, en lo que corresponde a la temporalidad de un día.

El período de 200 a lo que se está refiriendo es a un año completo de desarrollar trading, de manera que para poder hacer las correctas medidas de dichas condiciones, estarías tomando como punto de referencia la media anual, ahora bien hagamos un trabajo mental, hazte una idea de los niveles de precio de cada uno de los lados de esta media móvil, teniendo como costo base los precios del par de divisas, añádele a esto la volatilidad promedio.

Cuando el valor de un par de divisas esté por encima o por debajo de la media que se ha establecido, es ahí donde se da la señal de rompimiento.

Entrada al mercado

En el mismo instante que se presente una vela que esté por encima del rango de precios que habíamos evaluado anteriormente, es esta la señal que indica que se debe abrir una orden, veámoslo de una manera más clara, asumamos un caso hipotético en el que el rango de precios es de 50 pips la señal sería justo en el momento que se presente una vela de 50 pips o más.

Entonces la operación se maneja así, si la vela se ubica por encima del nivel superior, la orden que se abrirá es de compra, pero en el caso contrario, es decir si la vela atraviesa el rango inferior lo que se debe hacer es vender.

Salida del mercado

Cuando hablamos de la estrategia de trading de rompimiento, vamos a encontrar que el stop loss la media móvil es exactamente igual, es decir simple de 200, en el caso que los precios retornen a la SMA de 200 periodos, existe en este caso particular la posibilidad que el rompimiento no haya sido real, de manera que el mercado mantiene el rango o tiene las pretensiones de cambiar completamente la tendencia, en consecuencia es momento de salir del mercado.

Todos aquellos principiantes pueden sacar una gran ventaja de poner en práctica estas estrategias, en primer lugar por lo fácil que representa el aprendizaje del mismo, y más aún lo sencillo de su aplicación, pero hay otras que quiero que me acompañes a ver.

#2: Estrategia de seguimiento de tendencia

En este caso estamos frente a una de las estrategias más sencillas de forex, esto se debe a que los precios durante mucho tiempo se mantienen en tendencia, lo único que tienes que hacer a partir de este momento es aprender a identificar bien las tendencias del mercado, y así poder sacar provecho de todas las oportunidades.

Preparación de la estrategia

Lo primero que debes realizar es aplicar una media móvil de 200 períodos, esto en un gráfico de una hora con el fin de poder descubrir si el mercado se encuentra en tendencia, en el caso dado que el precio permanezca cerca de EMA, esto solo significa que el mercado está en rango, pero cuando se da el caso contrario, la clara señal que esto está arrojando es que el mercado ha entrado en tendencia por lo tanto las condiciones están dadas, es momento de aplicar la estrategia.

Entrada al mercado

En el momento que el mercado tenga una tendencia hacia la alta, debes abrir una orden de compra, esto en el mismo instante que el precio llegue a tocar la banda superior.

Salida del mercado

En este tipo de estrategia el stop loss debe establecerse en la banda de bollinger que resulte contraria a la que dio inicio a dicha operación, cuando se trata de una orden de compra el SL se ubicaría en la banda superior pero cuando se da la venta se debe establecer en la inferior.

Enfócate en estas dos estrategias y practícalas de continuo, son muy sencillas y por ello te las recomiendo en este momento, sin embargo, quiero recordarte que a la medida que vayas desarrollado la experiencia estarás más cerca de encontrar tus propias estrategias.

7

RECOMENDACIONES FINALES

Ya estamos en la recta final de este tiempo maravilloso que hemos pasado juntos, pero la verdad de todo esto es que lo bueno apenas está por comenzar, sé lo enriquecedor que es un buen libro cuando estamos por empezar dentro de este negocio, sé lo importante que es encontrar una voz que nos guie y nos vaya instruyendo paso a paso, para tratar de cometer la menor cantidad de errores posibles.

Por el momento lo que corresponde es que estés listo para lo que está por venir, entrar en el negocio de trading forex puede ser la puerta de entrada a una vida mejor, sin embargo esta posibilidad tiene un porcentaje muy alto de probabilidades que se cumpla gracias a ti, más que al negocio, a los principios, a las estrategias, al capital, más que cualquier cosas va a depender de ti, debes comenzar a enfocarte en tres aspectos importantes y realmente determinante para que el forex se haga tu amigo, tu gran oportunidad y no en una posible causa de decepción.

Determinación, sino estas convencido y decidido a llegar lejos con este negocios, pues no te recomiendo ni que te acerques, no lo hagas, dedícate a otra cosas, pero si en realidad estas completamente convencido y decidido a ir cada vez más y más lejos a levantarte ante alguna caída, a corregir alguna acción errónea, entonces quiero decirte que estás en lugar indicado.

Lo segundo que debes desarrollar es disciplina, estamos hablando de un tema que es verdaderamente preocupante, se llama las finanzas, no puedes abrir un bróker y mandar sin cuidado alguno todo tu dinero a la inversión, asumiendo una actitud altiva como el que se las sabe todas y mete ahí sus únicos mil dólares y le dice a la esposa, "tranquila amor en quince días esos van a convertir cinco mil", así no funciona el mundo de las finanzas, este mundo requiere de cálculo, estudio, análisis y observación.

Por lo tanto no llegues a querer hacer trading de forex sin antes no haber realizado un balance sensato de tus cuentas, tus deudas, cuanto es lo que realmente dispones, pero además, si no has practicado estrategia, no te has puesto a observar el comportamiento del estado, pues debo reconocer que no estás listo.

Por ultimo constancia, he aqui la tricotomía perfecta, la persona de doble animo jamás llega a ninguna parte, el inconstante es siempre aquel que busca una excusa para abandonar porque rápido se aburre de todo, pero si busca excusas para no hacer, ¿Qué pasaría si tiene "razones"? es más que evidente que en la primera experiencia un tanto difícil deja todo tirado y se va por otro rumbo.

Las características de un triunfador en el mundo del forex son estas que acabo de mencionar, así que: ha agudizar cada vez más los sentidos de triunfador y manos a la obra. Para culminar todo este trabajo de la forma más certera quiero darte las recomendaciones finales que junto a estas tres que acabo de mostrarte serán el complemento que necesitas para convertirte en el trader que sé, es más estoy convencido que vas a ser.

No poner en riesgo tu capital, invierte lo que no temas perder

En varias oportunidades lo he dicho, invertir por necesidad es un error, si estas en problemas financieros no es para nada una buena idea hacer inversiones, en primer lugar los niveles de ansiedad ante el potencial peligro de que algo salga mal y quedes completamente en banca rota van a acabar con tu tranquilidad.

Mi amigo Joaquín se encontró en esta situación luego de muchos años de ser un exitoso comerciante, algunas particulares circunstancias lo llevaron a una crisis económica severa, esto al punto que quedó sin nada de capital y sin negocio, lo bueno es que mi amigo había establecido muy buenas relaciones de gente de negocios que seguro estarían dispuestos a tenderle la mano.

De hecho así fue que mi amigo "Juaco" logró que un viejo amigo y ex compañeros de negocio le hiciera un pequeño prestamito de 5000 dólares, la intención (según los cálculos de juaco que tenía larga experiencia en el comercio), era poder montar un pequeño y modesto café para ofrecer aperitivos por la tarde, un lugar muy modesto, con un servicio igual de modesto.

Además del dinero que consiguió prestado este asumió otras deudas, por ejemplo algunos arreglos como pintura, reparaciones eléctricas y fontanería en se las hizo otro amigo bajo promesa que al primer mes de trabajo saldaría de la deuda con este, y por ultimo asumió una serie de compromisos al adquirir a crédito algunos electrodomésticos.

A la vuelta de un mes el café había cerrado y mi amigo solo había incrementado su bancarrota, una regla de oro en el mundo del mercado de finanzas es: "nunca te endeudes para invertir", eso es lo mismo que hacer una casa y no ponerle bases.

Por lo tanto en el negocio del forex debes asegurarte de no hacer inversiones con miedo, la forma de iniciar en este mundo de negocios es haciendo ingresando con un capital que no temas perder, ¿entonces voy a perder o ganar? Alguien dijo en un oportunidad, "si quieres la paz, prepárate para la guerra", si quieres ganar prepárate para perder. Considera estos tres consejos financieros para que inicies correctamente en este negocio.

Consejo # 1: Organiza tu economía

Haz una evaluación exhaustiva de tu vida financiera y comienza a practicar una "limpieza" de la misma, ¿Qué quiere decir esto? No empieces este negocio sin antes saldar tus cuentas pendientes, (desde luego que se hace una salvedad sobre los elementos particulares como los pagos de hipoteca o cuota de vehículos) pero lo que si debes considerar es que todos esos gastos estén bajo control, por lo demás debes eliminar todas las deudas innecesarias y disminuir los gastos suntuosos

Consejo # 2: Acumula un capital

Una vez que tengas una economía limpia y saludable llega el momento de comenzar a desarrollar el capital con el que vas a entrar en el negocio, en este punto ya debes saber cuánto es lo que quieres invertir, así que es momento de hacer tu plan financiero para comenzar a acumular tu capital, si tienes cosas de valor que no necesites y puedes venderla para acelerar el proceso, mucho mejor, debes enfocar todo el esfuerzo necesario en alcanzar tus objetivos y nada debe detenerte.

Consejo # 3: Duplica el capital

¡Sorpresa! Esto es una recomendación muy personal, es el escenario ideal, lo que vas a invertir debe ser un extra, debes desarrollar desapego, debes eliminar el miedo a perder, de hecho no tener miedo a perder puede ser la garantía de ganar, por ello quiero que este capital no represente nada para ti.

Consejo # 4: Ten a la mano tu primera estrategia

Ya debes decidir cuál es la estrategia que vas a llevar a cabo para tu primera acción de trading, no puedes permitir que nada te tome por sorpresa, por ello debes estar listo y decidido de qué manera vas a entrar en el mercado.

Consejo # 5: Invierte solo el 50%

Una vez más ¡sorpresa! Estoy muy interesado en que de verdad no sientas ningún tipo de preocupación por el capital que debes invertir, por ello tu primera acción a realizar la vas a llevar a cabo solo con un 50% de tu inversión planificada, que a su vez sería el 25%, vas a estar muy tranquilo, estoy seguro podrás pensar con más tranquilidad y esa tranquilidad te servirá para tomar decisiones más inteligente.

Tener un plan bien definido

Como te mencioné hace un momento antes de llevar a cabo tu primera inversión debes tener la estrategia completamente lista para poder entrar con seguridad, no te permitas ningún tipo de improvisaciones todo debe estar bien calculado.

Ya te he dejado en el capítulo anterior un par de estrategias que te recomiendo lo tomes como punto de partida dentro de forex, pero no descartes la posibilidad de hacer observaciones de otros trader, mira sus estrategias observa cada detalle que llevan a cabo, pero sobre todo debes observar los resultados que obtienen, y en base a esos resultados está muy bien replicar las acciones, por ello es que recomiendo que el bróker que vas a utilizar en la medida de lo posible sea un socialtrading

No quieras comprarte la casa y el Jet privado antes de empezar

Querer acumular una fortuna está muy bien, pero querer que esto suceda de la noche a la mañana es realmente un pensamiento algo insensato, no hay posibilidad de saltarte pasos y llegar a la cima sin haber pasado antes por todo el proceso, la única manera seria apostar a la suerte y poner tu futuro en manos de la lotería, siempre recuerdo a mi abuela que decía "el que juega por necesidad, pierde por devoción".

Dentro de una relación en la que hay una infidelidad, muchas veces suele herir más las falsas expectativas que la traición como tal, el problema con esperar más de los que en realidad va a recibir genera un profundo estado de frustración en las personas, por lo tanto querer más de lo que vas a recibir es una de las maneras más eficaces de perder rápidamente la motivación.

Esta es una de las principales razones por la que a diario encontramos por todas partes personas despotricando sobre cualquier cosa pero sobre todo en el caso del forex, toda la frustración la tratan de lanzar sobre un sistema que quizás no tenga ni un tanto de culpa de no cumplir con las expectativa que tenía.

Pude ver el caso de uno de mis más cercanos amigos, este vivía en una pequeña ciudad de costumbres muy modestas, luego de estudiar en una academia de cocina logró establecerse en uno de los más importantes restaurantes de aquella pequeña localidad, en poco tiempo llegó a ser el mano derecha del chef y su salario doblaba el de cualquiera de los cocineros antiguos del lugar, de hecho este llegó a ser el sous chef en poco tiempo, por lo que estaba bien honrado con su asignación salarial.

Tras algún tiempo decidió que quería irse a una de las más grandes ciudades del estado, donde de seguro en un gran hotel ganaría mucho dinero, la ecuación era muy fácil, si en ese pequeño pueblo tenía un salario tan bueno de seguro en un hotel 5 estrellas sería mucho mejor, sin embargo solo fueron falsas expectativas.

Todo cuanto consiguió fue un puesto como ayudante, horarios de trabajos y jornadas enloquecedoras, un salario mucho más modesto que el que tenía en su pequeña ciudad, lamentablemente unas expectativas erróneas terminan por arruinarlo todo, de manera que ajusta tus sueños, tus deseos y tus pensamientos con la realidad.

Leer, formarte, practicar y analizar

He visto una persona que realmente me ha generado una tristeza en la vida, se trata de aquel que logró cierto nivel de lo que sea y ya está convencido que tiene todo lo que necesitaba en la vida, los he visto tan enfermos al punto que se convencen que tienen todo el derecho de hacer alarde de lo que han "logrado" cuando en realidad el único logro es el de incrementar los niveles de soberbia a estados estratosféricos.

Lo lejos que puedas llegar en este negocio estará determinado por el nivel de compromiso que tengas contigo mismo y con tu fututo, por lo tanto debes tomar con seriedad lo anterior y estudiar, pero el estudio real, no el que vas a hacer en una academia para obtener un grado, sino el que aplicas en la vida para tener sabiduría.

Y quiero hacer un alto en este punto para aclarar, que no tengo nada en contra de los estudios académicos, solo que la enseñanza, el aprendizaje no podemos encasillarla en una estructura educativa, sino que quiero que haya un entendimiento claro que este negocio funciona en solo a la medida que sus participantes tomen la determinación de aprender, ¿qué importa si es por academia y que importa si es autodidacta, lo que realmente importa es el nivel de determinación de aprender de verdad.

Estudiar por tu cuenta tiene sus propios beneficios, y quiero que los sepas para que le des la importancia que esto tiene, y desde hoy te declares en un estudiante sin retorno.

- Un autodidacta es un estudiante que puede aprender mucho más rápido, ya que los niveles de motivación son muy altos, esto será razón fundamental por la que el proceso será corto y mucho más eficaz
- Aprendes a tu propio ritmo sin prisa pero sin quedar atrás

- Te enfocas en lo que realmente necesitas aprender
- Desarrollar su autoconfianza

Esto es lo que hace tan interesante el trabajo de los estudios autodidactas, que vas al ritmo que necesitas, por lo tanto es importante que te enfoque en ello, pero esto igual requiere una organización sistemática te, diré como:

Enfócate en lo más importante

En otras palabras prioriza, debes hacer un plan de estudio, qué es lo que necesita mayor atención y sobre eso vas a enfocar todas tus energías, un paso a la vez, en este nivel necesitas experimentarte en cosas puntuales, por ejemplo enfócate en estudiar estrategias, análisis, tipos de análisis entre otros.

Conviértete en un devorador de libros

Todo cuanto aparezca del tema en el camino, devóralo, de todo hay siempre algo que aprender bien sea libros virtuales o físicos, esfuérzate en darle todo el impulso a tu intelectualidad posible, al punto que puedas llegar a ser una referencia en la materia, mientras más sabes mayores son las posibilidades de hacer ganancias en este negocio, por ejemplo una de las tendencias que está en la palestra en este momento es la posibilidad de hacer copytrading, con la que tras convertirte en un experto puedes vender algunas de tus estrategias, por lo tanto se convierte esto en una manera de ganar comisiones extras en un corto tiempo.

Aprende de los que saben

Este es otro medio eficaz para poder desarrollar tu conocimiento en materia de trading, observando las estrategias de otros, aprovecha el bróker que elijas y saca partido de las habilidades de quienes cuentan con más experiencia que tú.

Todas estas recomendaciones son las acciones necesarias para triunfar en el trading forex, por esta, quiero que entiendas una cosa, nada de lo que sucede en el mercado financiero en cualquiera de sus ramas esta dado al azar, todo está perfectamente calculado, quienes hemos logrado establecernos en este medio, es porque han prevalecido principios como los que a lo largo de este material te he venido compartiendo, por lo que te recomiendo arduamente, dale sentido a este trabajo.

Nunca hagas trading por que otro te haya querido influenciar, esto es un error garrafal, de hecho la recomendación inicial en este sentido es que trabajes a muy bajo perfil solo con la asesoría de algún experto, sin embargo, ni este experto debe tener algún tipo de influencia en tus decisiones.

Desde luego que sí es importante que valores los consejos y orientaciones que te puedan estar brindando trader profesionales más experimentados, pero al final del día las acciones que vayas a ejercer que sean bajo tu absoluta y completa libertad y voluntad.

Enfócate en su solo activo

No cometas el error que muchos han venido llevando a cabo, y muchas veces por lo mismo que acabo de mencionar hace un momento, "la influencia", llega alguien que ha desarrollado su negocio en otro tipo de activo, con su sutileza a mostrar las bondades tratando de hacerte tomar acción. No es que estén mal otros activos, es que requieres enfoque, en este punto particular de la historia que estas escribiendo necesitas enfoque, ese enfoque es el que te hará un profesional.

Debes respetar el mercado

No está bien ser tan ingenuo y pensar que todo está más fácil de lo que pensabas, incluso hay momentos en que el mercado se comporta bondadoso con nosotros, pero jamás pienses que esto es producto de haber descubierto la debilidad del sistema, solo es un poco de suerte o de buenas decisiones, eso está muy bien pero dejar de sentir el respeto adecuado puede ser una trampa autoimpuesta, míralo siempre como lo que es, una gran herramienta que requiere de una gran destreza, pero que ella misma te ofrece la destreza necesaria para que lleves a cabo las acciones necesarias.

Una visión objetiva sobre el mercado, y sobre todo de respeto, hará que entre el mercado financiero y tu haya una relación agradable, que pienses en el como un aliado y no como un gigante.

No le temas al mercado

Así quiero terminar este capítulo, cerrando con la idea que he venido plasmando en tu vida desde el principio, todo se trata de equilibrio, no tienes que subestimar el mercado, pero tampoco tienes que temerle, solo debes reconocer en él un gran aliado.

El mercado financiero promete una cosa, y esto es seguir creciendo y seguir ofreciendo oportunidad de que saques una parte de la ganancia, la realidad es que esto es como una gran ola, puedes tomar tu tabla y surfearla, o puedes quedarte en la orilla a ver como termina por aplastarte, ¿qué es lo que piensas hacer frente a esta panorámica?

Lo mejor de todo no es lo cada vez más grande que es este negocio, sino lo accesible que se hace a la par de su crecimiento, las bondades que te ofrece, estoy completamente convencido que el mercado financiero te exige, pero te puedo asegurar una sola cosa, lo que da, es mucho más de lo que tú puedas dar, en consecuencia, ¿en qué lugar de la película quieres estar, del lado de los protagonistas o seguirás siendo solo un espectador? ¡Tú decides!

CONCLUSIÓN

El trading es una de las maravillas modernas, tener la posibilidad de entrar en un mercado tan interesante como este es algo que unos pocos años atrás ni siquiera se habría imaginado, sin embargo en este momento se ha convertido en una de las más grandes opciones para todos aquellos que quieren disfrutar la libertad financiera, pero para cerrar todo esto, es importante dar un vistazo más de cerca a este asunto.

¿Qué es la libertad financiera?

En la mente de muchas personas ha estado la idea que la libertad financiera es tener mucho dinero, sin embargo me gustaría poder desmentir esto, conozco una cantidad de personas que tiene mucho dinero y no tienen libertad financiera, ¿no es contradictorio esto? La libertad tiene varias características y una de las principales es que no andas luchando por ella, o eres libre o eres esclavo, y una persona que ha logrado acumular en sus cuentas algo de dinero, incluso mucho dinero, pero siguen siendo esclavos de él, cada día viviendo presos de sí mismo perdiendo la vida por acumular cada vez más y más dinero.

Son estas personas que entran en cualquier negocio y de no ver resultados de manera inmediata dejan todo y se van tras otra cosa que le dé resultado en tiempo record, estos son los que no duran mucho tiempo haciendo trading.

La verdadera libertad financiera es la que te permite disfrutar la vida, es esa en la que al salir el sol disfrutas de un nuevo día, en el que vas a luchar por alcanzar nuevos objetivos, vas a desarrollar nuevas estrategias de trading para seguir triunfando en el mercado, pero disfrutando de vivir, de la familia, viviendo sin ansiedad sino disfrutando de cada triunfo de cada victoria, y desde luego aprendiendo de los errores y de los fracasos.

Es eso lo que ha hecho que muchas personas vuelquen su mirada al trading, lo primero es que no se trata de un negocio cerrado, sino que hay todo un abanico de oportunidades sobre el cual puedes voltear tu mirada, hay muchas opciones que te pueden resultar útiles basado en tus prioridades, pero también dependiendo del capital con el que quieres trabajar.

Entre todo el abanico de productos financieros aparece el mercado de divisas o mejor conocido dentro del trading como forex, esto es uno de los productos más atractivos dentro de este mercado financiero, a lo largo de las líneas ha quedado demostrado las razones por las que este negocio es tan atractivo, la razón principal es el enorme mercado que esto representa, la cantidad de divisas que se mueve en el mercado del forex es verdaderamente impresionante.

Pero hay otra gran realidad, y es que el forex es un oficio que ha recibido de todo, tanto elogio como críticas, y en base a esas opiniones muchos han llegado a ver este negocio como algo peligroso para las finanzas, y esto no en vano, es fácil tener este tipo de percepción cuando una persona ha desarrollado la costumbre de seguir las opiniones de otros en lugar de evaluar de manera personal las propias razones por las que un tema en particular le puede parecer bueno o malo.

No obstante, lo que realmente sucede es que forex suele ser mal interpretado, muy a menudo por personas que no se han preparado de manera correcta en este negocio terminan por salir despotricando del negocio cuando la verdad es que quiso hacer jovial algo que realmente es una profesión y requiere de toda la seriedad que amerita este asunto.

"Forex trading para principiante" ha sido la oportunidad de despejar todas esas dudas, descubrir la verdad de este negocio tan productivo es una de las tareas que me tracé a la hora de traerte este volumen, primero que nada te dejé toda la información que se necesita saber sobre forex, cada uno de los capítulos está diseñado en descubrir aspectos realmente importantes y relevantes sobre este tema de negocio.

Recuerda todo lo que has evaluado en el primer capítulo, sobre todo el tema de las razones por las que el forex es un gran negocio, incluso te acabo de mencionar que todos los mercados financieros son atractivos y en realidad representan una enorme oportunidad para todo aquel que quiera ingresar en el mundo de la inversión y el mercado de finanzas pueda hacerlo, no obstante, la manera de entrar en este negocio para nuevos inversores es y será sin duda alguna a través del forex.

Entre todo lo que evaluamos, hay algunas razones muy objetivas por la que el forex se compone como la oportunidad de muchos de entrar en el mundo de las finanzas, por ejemplo lo fácil, el tiempo que brinda para estar con mi familia, la ventaja de aprender de forma fácil y todas las oportunidades que da este mercado lo hace sumamente atractivo.

En este mismo capítulo te deje todos los beneficios de hacer forex de manera que, repásalo bien y puedas despejar cualquier duda que tengas, finalmente pero no menos importante te deje una lista de las figuras que puede llevar a cabo el trading de forex, entre los que estás tú, es que ingresar en este negocio carece de cualquier complicación para llevarlo a cabo, solo debes tener un buen equipo de computación y una determinación de acero por lograrlo.

Luego nos encontramos con un capítulo importante, el enfoque fue los primeros pasos que debes dar a la hora de ingresar en el mundo del forex, no importa cuán lejos pretendes ir al momento que decides ingresar a desarrollar este negocio, sino te preparas para dar un primer paso lo suficientemente firme será verdaderamente difícil que logres cualquier objetivo real.

Todo proceso de la vida requiere de un periodo de preparación, de estudio, de análisis, esto al punto que puedas desarrollar las nociones necesarias para que lo que vas a emprender sea una meta completamente cumplible, en este sentido el segundo capítulo es eso, los medios de preparación como antesala para desarrollar el forex trading.

Es cierto que el trading es sumamente accesible pero además es real que una vez que se han adquirido las destrezas necesarias se puede convertir en un oficio realmente sencillo, sin embargo iniciar sin la orientación precisa es como caminar con los ojos vendados, es posible y de hecho te recomiendo que hagas tu mayor esfuerzo no solo por llevar a cabo los principios que te he dado si no que puedas a manera personal encontrar medios educativos que te permitan ampliar significativamente el conocimiento.

Pero de todo lo anterior hay un detalle que nunca debes olvidar y es que la experiencia es la que te ira dando la mayor escuela de formación y que te irá convirtiendo en cada vez más experto, muy a pesar de todo el conocimiento que puedas adquirir, y además de todos los consejos que yo te pueda dar en esta oportunidad, la posibilidad de cometer algún error esta latente, debes estar listo para ello, por eso la serie de consejos que te he dejado apuntan en una sola dirección, "ten una buena relación con los errores".

No está mal equivocarse, y es que debes estar seguro que tarde o temprano vas a cometer errores, todos en la vida los hemos cometido, pero debes mirarlos desde una óptica muy objetiva, cometer errores es necesario, lo único que no debes es rendirte por uno que otro error que puedas estar cometiendo, esas es la verdadera escuela y esa es la que te va a garantizar el verdadero éxito, y como todos hemos cometido alguna vez uno u otro error, lo mejor que puedes hacer es no olvidar la lista de consejos que te dejé tanto en el capítulo tres como en el cuatro.

Un consejo está mostrando dos características de la vida humana, una debilidad y una fortaleza, por ello cuando te dije no involucres tus emociones, déjalas fuera, es porque en el momento que lo hice los resultados fueron devastadores en mi negocio, pero a su vez se traduce que con el enfoque necesario pude dejar ese vicio que entorpecía mi negocio y me llevaba a ser menos eficaz.

Poder superar el enojo, la avaricia, incluso la alegría de los buenos resultados me ha permitido desarrollar la madurez que hoy día tengo para poder realizar acciones más inteligentes en mi negocio, y por supuesto no cometer los mismos errores, porque aunque se haya logrado la mayor de la experiencia, en algún punto de la historia se cometen errores, es que mientras sigamos vivos seguirá sucediendo, y muy a menudo solemos excusarnos como si esto realmente solucionara algo.

Errar es la expresión más amplia que indica que somos seres humanos, pero errar siempre en la misma dirección expresa aún más nuestra condición de testarudos, asegúrate por lo tanto de no cometer los mismos errores.

No olvides los consejos que te dejé expresados en el capítulo 5 sobre la herramienta que te ayudará a llevar a cabo el trabajo de trading, se trata de tu bróker, el bróker es como el cuchillo al cocinero, o quizás como el bisturís al médico, el bróker es la herramienta por excelencia del trading.

Si esto es así, como es que se lo ocurre a alguien que con solo entrar en la web y descargar cualquier bróker habrá cumplido con la faena, esto es una ilusión, no se debe ser tan irresponsable, este es el forjador de tu futuro, entonces debes estudiar, debes poder definir cuál es el mejor.

¿Pero cuál es el mejor bróker?

Responder esa pregunta estará irremediablemente condicionado por mi experiencia, recuerda "los juegos del hambre" cada quien entraba con el arma que se sentía mejor para luchar, entonces no tiene tanto que ver con la herramienta (aunque sí hay algunos con características más interesantes que otros) pero estos asuntos son en realidad pocos objetivos para ti será mejor alguno que quizás para mi es algo arcaico, y tus resultados objetivos pueden ser mucho mejores que los míos porque te has compenetrado a la perfección con esta herramienta.

Por ello te invito que hagas la prueba, evalúa cada uno de los bróker y haz las comparaciones correspondientes, yo fácilmente puedo decirte que "XTB on line trading" es el mejor, ¿pero en qué está basado mi juicio? Desde luego que está condicionado por la experiencia personal que tengo sobre la materia, me gustan sus características, sé que puedo operar en más de 50 pares de divisas, me brinda confianza nunca tuve problemas con las plataformas de trading MT4, de hecho me fascina el funcionamiento de este bróker, estoy completamente satisfecho con las comisiones y muchas cosas más.

Pero un momento, no pierdas algo de vista de acuerdo a las estadísticas más del 70% de los nuevos inversores en esta plataforma han perdido su dinero, ¿por qué pasó esto? Yo ni sé, la verdad no tengo idea, lo que te puedo decir es que para mí ha sido la mejor de todas, ¿la cogiste? En este sentido nada está dicho, solo toma los consejos que ya leíste y ponlos en práctica.

Es que todo en este negocio consiste en práctica, por ello si algo puedo darte como referencia es que elijas una cuenta con demo para que puedas practicar mucho y si el demo es ilimitado, pues mucho mejor, aun con el demo comienza practicando las estrategias fáciles que te dejé en el capítulo seis, hazlas una y otra vez hasta que en esa simples estrategias te conviertas en un experto, al igual que el do, re, mi, fa, sol, la, si, del nuevo músico que más tarde hará gran destreza y galantería de sus sostenidos y bemoles en tiempos de fusas y semicorchea.

Así que dile no a la prisa ve con paciencia, llevando

paso a paso por ejemplo las recomendaciones finales del capítulo 7, disfruta de la virtud de la paciencia y goza de los beneficios que ella arroja ¿cuáles son? El éxito está destinado para todas las personas que están decididas a esperar.